米朝首脳会談と中国、そして日本はどうなるのか

古森義久

JN189066

ビジネス社

まえがきにかえて――米朝首脳会談と中国、そして日本

木だけを見て、森を見ない愚に陥るなかれ

日本はいま国難に直面している。周辺の安全保障上の危機や脅威から生じた国難である。日本という国家の根幹を揺さぶり、崩しかねない危機だともいえる。

その危機や脅威の最大要因はやはり中国の野心的な動きである。さらに北朝鮮の核やミサイルに象徴される朝鮮半島全体も日本の国家安全保障をいまや不安定にするにいたった。いうまでもなく朝鮮半島情勢は中国の動向と密接に結びついている。

本書は日本をめぐるこうした安全保障上の変動を詳述している。とくに日本にとって影響の大きい中国の実態に詳しい光をあてている。そして日本はこれからどうなるのかを考えてみた。

だが当然ながら、こうした東アジアの激動のなかで、さらに重大な役割を果たすのは超大国のアメリカである。日本の唯一の同盟国でもある。日本が自国の安全保障の支柱をゆだねてきた相手でもある。そのアメリカが北朝鮮に対して歴史的とも呼べる新たな動きに出た。というよりも北朝鮮がアメリカに対して、これまで長年の敵対的な姿勢を一変させた。

この最新の動きを象徴するのが二〇一八年六月十二日にシンガポールで開かれた米朝首脳会談だった。アメリカのドナルド・トランプ大統領と北朝鮮の金正恩朝鮮労働党委員長との会談である。この会談の開催は文字どおり全世界に巨大な波紋を広げた。衝撃波を投げたといえよう。日本への影響も巨大である。

本書では「まえがき」としてまずこの米朝首脳会談の最新の報告と分析を試みたい。この会談が本書の主テーマである中国の戦略や日本の安全保障にとってどんな意味を持つのかも論じたい。

米朝首脳会談への全世界の関心はものすごかった。なにしろ長年、たがいに激烈な攻撃や誹《ひ》謗《ぼう》の言葉を浴びせるだけでなく、実際の戦争行動さえ起こしかねない軍事対決を続けてきたアメリカ合衆国と朝鮮民主主義人民共和国の元首同士が固く握手をしたのだ。

この歴史の変革を思わせる会談の結果はまず同日に発表された米朝共同声明に集約された。そしてその後にトランプ大統領が記者会見を開き、今回の動きの意味を自由奔放《ほんぽう》に語った。

この米朝両国首脳の会談と合意を全体としてどう解釈すれば、よいのか。まず両首脳の握手が象徴する歴史的な新たな枠組みと潮流をみるべきである。会談後の関連各国の官民での論評は多様であり、この会談の共同声明の具体性が不十分だなどとする批判も少なくない。

しかし木だけを見て、森を見ない愚に陥ってはならない。この会談の前と後とのアメリカと北朝鮮との関係の変貌、そして東アジア情勢全体の変化を直視しなければならない。

その変貌や変化の裏にはたとえ虚構の要素があっても、まちがいなく大きく変わった部分の存在は否定できないのだ。

会談を懇願してきた北朝鮮

アメリカと北朝鮮は長年、敵対関係にあった。つい最近の二〇一八年冒頭まで戦争さえ起こしかねない対決状態にあったのだ。

北朝鮮はアメリカ本土に届く大陸間弾道ミサイル（ＩＣＢＭ）での核弾頭発射の能力を喧伝し、アメリカは厳しい経済制裁に加えて、北の核やミサイルの拠点を破壊する軍事攻撃の可能性を語り続けた。

とくにトランプ大統領と金正恩《キムジョンウン》委員長の間では戦争にも通じかねない過激で険悪な言葉が交わされた。「チビのロケットマン」「老いぼれ」という類ののしり合いだった。

だがいまやその二人が固く手を握り合い、「平和」とか「信頼」という言葉を口にするのである。文字どおりの米朝両国の相互への姿勢の百八十度の転換だった。その転換がたとえみせかけだけであっても、いまの和平的な言動自体は否定の余地がない。北朝鮮側では現にミサイル発射を止め、核施設の破壊までしてみせる。

軍事対決から和平協調への大転換という、この構図を無視することはできない。その基本構図から目をそむけたまま、米朝共同声明の記述に具体性がないからとして、全体の枠組みを軽視することは、短絡といわざるを得ない。

朝鮮半島をめぐる米朝関係の枠組みでは森が大きく変わったのだ。山が動いたと評してもよい。アメリカという巨大な山と、北朝鮮という小さいが危険な爆発力を秘めた山と、ともに大きく、かつ激しく動いたのだ。

そのうえにこの変化をまず明示してみせたのは北朝鮮の側だという事実の意味は大きい。トランプ大統領の側は今年三月に入って、金正恩氏が首脳会談を求めているという情報を韓国政府特使から伝えられるまで、そんな会談への前進の姿勢など、まったくみせていなかった。ひたすら北朝鮮が核兵器を放棄することだけを要求していたのだ。

あくまで金正恩氏の側が韓国政府代表を通じて、米側に非核化の意向を明示したうえで、首脳会談を求めたのである。しかもトランプ大統領は北側によるマイク・ペンス副大統領や、非核化問題での米側の政策の中核となるジョン・ボルトン大統領補佐官へののしりが発せられると、米朝首脳会談の中止を宣言した。

きっかけは北朝鮮側からの「政治的なバカ」とか「人間のクズ」という誹謗だった。五月二十四日のことである。北朝鮮が正規の会談の前に敵側の攪乱を図る常套手段だった。だがトランプ政権にその戦術は通用せず、かえって激しい反撃をくらう形となった。

ところが北朝鮮はそれからわずか半日後に、トランプ大統領に会談にのぞむことを文字どおり懇願したのである。「いつでも、アメリカ側の望むいかなる方式でも」とまでへりくだるという態度だった。しかも非核化はしますよ、という姿勢だった。この懇願にトランプ大統領はそれなら応じるという様子で対応したのである。

北朝鮮がこれまでの国是とも呼べる基本政策の放棄や修正を約束してまで、しかも年来の高圧的、好戦的な態度を一転させてまで、なぜ熱心にトランプ大統領との一対一の会談を望んだのか？　その理由は簡単にいえば、金正恩氏が自分自身や自己の政治体制への危険を恐れ、自己の存続を望んだからである。ではなぜそんな恐れが生まれたのか。その理由はトランプ政権の「最大圧力」と「軍事オプション」である。

この点での金正恩氏の心理を科学的に証明する方法こそないが、客観状況や消去法での分析はこの因果関係を明示する。

今年一月に金氏が世界各国の北朝鮮大使館に「トランプ政権による北朝鮮軍事攻撃の可能性について至急、調査せよ」という命令を出したという報道も、完全な確定こそできないが、「金正恩氏の恐怖→トランプ大統領との首脳会談の切望」という因果関係を指し示す。

金氏が急に電源のスイッチの入った電気人形のようにあたふたと中国の習近平主席や韓国の文在寅大統領と会談を重ねたことも、自己生存のために他国をタテとして巻き込んで、アメリカの攻撃をとにかく防ぐため、という解説が最も説得力を持つようにみえた。

ワシントンの官民の専門家たちの見解もこの因果関係では程度の差こそあれ、一致している。

このような米朝首脳会談開催までの流れの経緯と構造を知っておくことは同会談の成果や意味を測るうえで欠かせない。会談後の共同声明に非核化の手続きの具体的な語句が入っていないから首脳会談自体がアメリカ側にとって失敗だったとするような解釈は、「木だけを見る」という浅薄な断定に思える。上記のような「森」にあたる全体像を考慮に入れていないからである。

北朝鮮の非核化はCVIDが基軸となって推進される

では米朝首脳会談の展開自体の評価を個別の側面に焦点をしぼって試みよう。

(1)北朝鮮の非核化の展望

(2)東アジア安全保障全体の変動

(3)日本の安全保障への影響

以上の三つの領域にわけて、今回の米朝首脳会談の意味を探ってみたい。

(1) 北朝鮮の非核化

ここでの課題は「北朝鮮の非核化は進むのか」という表現にまとめてもよいだろう。

いうまでもなく今回の首脳会談の核心、そして最大の課題は北朝鮮の核兵器廃棄である。この課題が大きく浮かび上がったからこそ、トランプ大統領が動き、その動きに追われて金氏が動いたのである。

米朝共同声明の非核化についての主要な記述は以下のようだった。

「トランプ大統領は朝鮮民主主義人民共和国の安全保証を供し、金委員長は朝鮮半島の完全な非核化への揺るぎなく強い誓約を再確認した」

米朝合意のこの部分に対しては日米両国の多くの識者たちの間で「CVIDの明記がないから、非核の実施が曖昧のままだ」とか「具体的な手続きが記されていないから、非核化の実行が不明だ」という批判がぶつけられた。

CVIDとは「完全で検証可能で不可逆的な非核化」という意味の用語の頭文字である。つまり北朝鮮が核兵器を廃棄するというならば、その作業は完全で検証可能で、しかも逆戻りはしないことが絶対に確実でなければならない、ということだ。

共同声明ではその諸点の具体的な記述がなく、しかも非核化の進展の時間的な予定への言及がなかったことが、この種の批判をさらにあおった。

こうした点からとくに日本の一部の専門家からは「トランプ政権はもうＣＶＩＤをも引っ込めた」とする見解が述べられるようになった。実際の非核化はもう進まないとまで断じる向きもある。

これらの批判に対してトランプ政権は正面から否定する。ＣＶＩＤは決して放棄しておらず、この原則に基づく方法だけが〝実効〟ある非核化だというのだ。

トランプ大統領自身、米朝会談直後の記者会見でその点を問われ、「声明にＣＶＩＤという用語が入らなかったのは単に時間が足りなかったからだ」と説明した。声明にある「完全な非核化」が実際はＣＶＩＤを意味するのだとも述べた。

大統領はそのうえでＣＶＩＤを構成する主要素である「検証可能」についても、こんごの早い時点で検証作業が始まると明言し、その査察には国際原子力機関（ＩＡＥＡ）の代表だけでなく、強制力のより強い米側の代表も加わると強調した。要するに声明にＣＶＩＤの記述がなかったことは決して、ＣＶＩＤがなくなったわけではないという言明だった。

共同声明は「完全な非核化」について「朝鮮半島の」というに留め、米側が一貫して求める「北朝鮮の」という特定をしていなかった。トランプ大統領はこの点について南北首脳会談での板門店宣言で金委員長が「朝鮮半島の非核化」を誓約したことを強調し、米側としてはその内容はあくまで「北朝鮮の非核化」だと〝解釈〟していることを強調した。

万が一、「朝鮮半島の非核化」という概念までが北朝鮮の思惑どおりに米朝間で受け入れられた場合、北朝鮮は「韓国の非核化には米韓同盟の破棄までが必要」という旧来の主張を持ち出す可能性もある。だがいまのところ北側はその気配をみせていない。米側も非核化の対象はあくまで北朝鮮の核兵器だとする立場を揺るがせにしていない。

北朝鮮の非核化の推進スケジュールの時間的な見通しについてトランプ大統領は「金委員長は帰国してすぐにその作業を始めるだろう」と述べ、非核化前進のペースについて「非常に、非常に速く」と強調した。とにかく数週間、あるいは数ヵ月の時間帯で実際の非核化を示す作業が外部からの査察と検証を伴いながら始まるという意思表示だった。

米側がCVIDを揺るがせにしていない証拠の一つは、ボルトン補佐官が北朝鮮との折衝で中心的な役割を果たしていることである。日本の主要メディアの一部は米朝会談の直前に「トランプ政権でのボルトン外し」を大きく報道し、米朝首脳会談にはボルトン氏は加わらないとの予測を伝えた。

ところがシンガポールでの会談では、ボルトン氏はトランプ大統領のすぐ左側に座っていた。大統領自身も会談後の会見でボルトン氏の名前を再三、あげて、それまでも、これからも北朝鮮非核化交渉では同氏が中心になっていくという方針を強調していた。

ボルトン氏はＣＶＩＤの強い主唱者である。リビアの「カダフィ政権の非核化」でも主役を果たした。今回もボルトン氏が北と折衝している限り、ＣＶＩＤの放棄は考えられない。こんごの米朝間ではあくまでＣＶＩＤが基軸となって北朝鮮の非核化が進められるということだろう。ただし北朝鮮が最大限の面従腹背や時間延ばしを試みることは当然、予測される。

米朝首脳会談後の変化をひそかに大喜びしている中国

(2)東アジア安全保障全体の変動

米朝首脳会談が明示したもう一つの新潮流は朝鮮半島を中心とする東アジア全体の安全保障情勢の変化である。

北朝鮮の完全な非核化が果たして米側が求める形やタイミングで実現するかどうか、保証はない。だがその不透明な展望にかかわらず、すでに起きてしまい、逆転の難しい変化がある。

まず第一の変化はアメリカと北朝鮮の敵対的な関係の〝質〟である。米朝会談の結果、表面的には長年の敵対関係は大幅に薄れた。両国の公式言明に従えば、敵対は消えたとさえいえる。

現実には北朝鮮はなお核戦力も通常戦力もまだ削減はしていない。従来の外部への潜在的な軍事脅威は消えていないのだ。だが金委員長はアメリカに向かって平和や和解を宣言した。

朝鮮半島で北朝鮮が軍事脅威ではなくなった新情勢の影響は、単に米韓両国や日本にとっての変化だけでなくアジア太平洋全域への波紋を広げるだろう。一つにはアジア駐留の米軍が長年の最大任務をなくすことにもなりかねないからだ。

北朝鮮の平和的姿勢が虚構だという可能性はもちろんある。トランプ政権側もそれに備えて、これまでの厳重な経済制裁はまったく緩めてはいない。北側が万が一、米朝会談での誓約をまったく破り、核武装への再度の試みや対米軍事対決の再度の構えをとるような場合、トランプ政権は完全にだまされたことになる。その結果、かねて示唆してきた軍事攻撃をも含めての強硬な行動に出る可能性がきわめて高くなる。実際に衝突が起きれば、年来の「アメリカV.S.北朝鮮」という、なかば固定された対立の構図は消えることになる。勝敗の明白な軍事衝突が起きるからだ。

その一方、トランプ大統領が米韓合同軍事演習の中止を発表したように、米側は北朝鮮を脅威とはみないことを証する動きをもとり始めた。東アジア駐留の米軍にとって北朝鮮が明白な脅威ではなくなるとすれば、その長年の任務の主要部分が消えることになる。アメリカにとっての中国の軍事脅威は潜在、顕在に残るが、朝鮮半島への身構えはがらりと変わってしまうわけだ。

第二の変化は北朝鮮と韓国の関係全体である。二〇一八年四月下旬の南北首脳会談とその合意を集約した板門店宣言は南北の和解、不戦から統一への希求までもうたっているのだ。北朝鮮は国是として韓国を国家としてはみなさず、アメリカの傀儡として敵視してきた。韓国側も北朝鮮を危険な存在とみて敵視した。

北側は実際のテロや軍事攻撃で韓国敵視の実体を示してきた。だがいまやこの敵対関係は明らかに基本的な変化をみせ始めた。

南北和解のシナリオからさらに予測されるのは米韓同盟の〝変質〟である。希薄化、さらには極端な可能性としての消滅もありうる。なにしろ米韓両国が同盟態勢を組んできた最大の理由は北朝鮮の軍事的脅威だったのだ。その北朝鮮が韓国にとってもう脅威ではないとなれば、北への抑止を最大任務としてきた在韓米軍の必要性はなくなることにもなる。

それでなくてもトランプ政権は韓国の文在寅政権に対して微妙な形での不信や不満をちらつかせてきた。北朝鮮の軍事脅威が明白な時期にはそれでも米韓両国とも米韓同盟の堅持を最優先させる言動をとってきた。だがトランプ大統領と文大統領の間には北朝鮮への姿勢だけでなく、中国や日本への政策をめぐっても差異を感じさせる場面が絶えなかった。

そんな土壌の上で北朝鮮の脅威を韓国が正面から否定するような流れとなったのだ。米韓関係は安全保障だけでなく政治や経済の全般にわたって距離を広げる予兆も散見されるようになってきた。

第三の変化は中国の立場である。この点は本書の主題ともからみ、きわめて重要だといえる。米朝首脳会談が示す多くの変化要因によって、中国が安全保障上の利益やパワーを得るという様相が強いのである。

今回の米朝首脳会談によって大きな利益を得るのは中国だという指摘はワシントンの専門家たちの間でもかなり広範に述べられている。

アメリカ陸軍大学の教授で議会諮問機関の「米中経済安保調査委員会」の委員長を歴任した中国軍事研究の権威ラリー・ウォーツェル氏は「米朝間で合意された米側の北朝鮮敵視の停止、米韓合同演習の中止、さらにはトランプ大統領の在韓米軍撤退の示唆など、すべて中国が長年、求めてきた戦略目標だから、いま中国はひそかに大喜びをしているだろう」と語った。

中国が東アジアに駐在する米軍部隊の全面撤退を長期の目標としてきたことは広く知られている。米韓同盟や日米同盟には反対であり、とくに両同盟の強化措置には激しく反発してきた。韓国への米軍の新型ミサイル防衛網配備には猛烈に反対し、中国領内の韓国ビジネスの活動を弾圧までしてみせた。

だがいまや北朝鮮のミサイルの脅威を最大理由に導入されたミサイル防衛網は、もうその目的が薄れるという状態となったのだ。中国にとっては願ってもない展開である。

北朝鮮もいまや中国への接近が顕著となった。金正恩委員長はアメリカの脅威を恐れて習近平主席にすり寄った。その結果、中国の北朝鮮に対する影響力が高まることは必然だろう。アジア全域での影響力を広げようとする中国の長期戦略にはぴたりと合致する動きである。

こうした東アジア全域での変化は北朝鮮の非核化の進展がどうなるかは別にしても逆戻りの可能性は少ないようにみえる。

新たなる安全保障環境と日米同盟

⑶日本の安全保障への影響

日本は米朝首脳会談が象徴する変化の数々によって厳しい安全保障政策の調整を迫られるだろう。日本にとってのこれからの国難とさえ呼べる課題は二つに区分できる。北朝鮮の脅威と中国の脅威、そのいずれもが増大することである。

北朝鮮が長年の宿敵ともいえるアメリカや韓国に対してこれほどの友好や融和のジェスチュアをみせているときに、日本への脅威が増すというのは矛盾としてひびくかもしれない。だが北朝鮮当局は現実に日本に対しては米朝首脳会談後も悪口雑言に近い言辞で非難を浴びせているのだ。しかも北朝鮮にとっての脅威扱いなのである。

北朝鮮はアメリカにも韓国にも和平の姿勢を誇示しながらも、日本に対しては敵視の構えを変えていない。北朝鮮はアメリカの要求による非核化を果たしても、さらに長距離の弾道ミサイルの削減までを実行してもなお、日本にとっての脅威である中距離、短距離のミサイルは撤去しそうにはない。日本人拉致事件の未解決をみてもわかるように、そもそも対立案件が厳存する敵性の強い相手なのである。

韓国も日本にとって安全保障面で頼れる相手ではない。文政権下ではこんご親北朝鮮、反日本の傾向が一段と強まる気配もある。南北統一に向けての動きが本格化すれば、反日で核武装した新統一朝鮮が日本の脇腹にナイフを突きつけた構図で誕生することは悪夢中の悪夢だが、絶対に否定できるシナリオでもない。

日本にとってのさらなる米朝会談の結果としての困難要因は中国の軍事がらみの影響力の拡大である。前記のウォーツェル氏の指摘のように、在韓米軍の抑止力減少だけでも中国はアジアの安保面での主導権を強めるようなのだ。

その中国は日本に対しては敵対性のにじむ安保政策をとっている。日本の固有領土の尖閣諸島を武力ででも奪取しようという構えを変えていない。国内では「抗日の歴史」の名の下に、過激な反日教育や抗日戦争記念日の国家最高行事へのレベルアップを続けている。米朝会談での新展開はその中国の対日活動にも勢いを与えかねない要因を示しているのだ。

では日本はこの新たな安全保障環境に対してなにをすべきか。

どうみてもまずは日米同盟の堅持と強化だろう。幸いにしてトランプ政権は中国の軍拡や無法な行動に警戒と対決の度合いを強めている。その結果、日米同盟の重視を一段と深めるにいたった。日本の安全保障の強化となれば、日米同盟の枠内でも、あるいは自主的な方法ででも、日本独自の防衛能力、抑止力の構築を一段と進めることも不可欠となろう。

米朝首脳会談はこのように多様な警告や教訓をもさし示しているのである。

なお本書は私がアメリカの首都ワシントンに拠点をおくジャーナリストとしてワシントンでの情報や分析に多く依拠して書いてきた報告が主体である。だがその間、東京での取材活動をすることも多く、かつての中国駐在時代の関係筋や朝鮮問題の専門家たちからの情報を得ることも多かった。そうした東アジアとアメリカと総合的な基礎に立脚しての最新の報告が本書である。

なお本書の企画や構成についてはビジネス社の唐津隆社長のご指導が大きかった。その適切な助言に改めて謝意を述べたい。

二〇一八年七月

古森義久

第2章　米中の軍事せめぎあい

第3章　トランプ政権の読み方

第4章　トランプ外交政策とは

第5章　中国の「新皇帝」の独裁

第6章 アメリカに挑む中国

第7章　日本はどうなるのか？

第1章

米中対決の新時代

(1)アメリカの対中政策が変わった

米側の関与政策に対する中国のゼロ以下の回答

アメリカがついに中国に対してキバをむいた——。

いまのトランプ政権の中国への姿勢をわかりやすく描写するとなれば、こんな表現がふさわしいだろう。

二〇一八年五月。アメリカの対中政策は決定的なパラダイムシフトをとげた。

一九七九年の米中国交樹立以来四十年近く、アメリカの歴代政権が保ってきた政策が失敗だったという判断が超党派で下されるようになったのである。

私はかつて、その米中国交樹立の歴史的な日、つまり一九七九年一月一日にワシントンにいた。中国の最高権力者の鄧小平《とうしょうへい》氏がアメリカの時の大統領ジミー・カーター氏と合意を交わす光景をみたのだ。だからこそ、その米中関係がここにきて、最大の変化をとげるのを目撃することには独特の感慨があった。

さて、アメリカの歴代政権の中国に対する政策とはなにか。

その政策は総括すれば関与（Engagement）政策と呼ばれる。その内容はなんなのか。

中国はアメリカとは基本的に価値観を異にする共産主義体制である。だがアメリカ側が協力を進め、中国をより豊かに、より強くすることを支援し、既成の国際秩序に招き入れる。そうすれば、中国はやがては必ず民主主義の方向へと歩み、国際社会の責任ある一員になる——というのが米側の関与政策だった。

だがこの関与政策が終わりを告げ始めたのだ。対中関与政策はもはや破綻したと断じられるようになったからだ。アメリカは対中国交樹立以来、対中政策の基本を初めて変えるという歴史的な曲がり角に立ったといえるのである。

なぜ関与政策は失敗したのか？

その理由はひとえに中国側の現実の動きにある。アメリカが関与政策によって期待したような結果を中国側がまったく、差し出してこなかったのだ。

ゼロ回答どころか習近平《しゅうきんぺい》政権下のいまの中国は、米側の期待とは正反対に進んだことが決定的となった。その象徴が、憲法を改正して決めた国家主席の任期の〝撤廃〟だった。これで習氏は終身の独裁支配者になれるわけで、民主主義とはもっとも逆方向の流れである。

それだけではない。

近年の中国共産党政権は侵略的な対外膨張、野心的な軍事力増強、傍若無人な国際規範の無視、一方的な経済面での不公正な慣行、そして国内での弾圧と独裁の強化など、アメリカの関与政策での望みを踏みにじるような措置ばかりをとってきた。こうした展開が米側でこれまでの対中政策の破綻を指摘させるようになった。関与政策の失敗の宣言だといえる。

より鮮明化する対中関与政策の排除

この展開はまずニュースメディア、専門家、そしてトランプ政権という三つの次元で顕著である。

第一にメディアの反応をみよう。

ニューヨーク・タイムズは二〇一八年二月二十八日付社説で「習近平氏の権力の夢」と題して、以下のように主張した。

「一九七〇年代後半に中国が西側に対してドアを開けて以来、アメリカは中国を第二次大戦後にアメリカ主導で構築した政治、経済のシステムに融合させようと努めてきた。中国の経済発展はやがては政治的な自由化につながると期待してのことだった」

「だが習近平氏の今回の動きは、アメリカ側のこの政策が失敗したことを証明した。習氏は法の支配、人権、自由市場経済、自由選挙などに基づく民主主義的な秩序への挑戦を新たにしたのだ」

アメリカの歴代政権の対中政策は失敗だったと、明言しているのだ。

ワシントン・ポストも二月二十七日付社説で「習近平氏は終身独裁者」と題して、アメリカ側の期待が「中国の大衆主義的な政治や法の支配の導入への前進」だったと示した。さらに習氏の国家主席の任期撤廃はまさに「その米側の期待とは反対の方向への動きだ」と非難した。そのうえで同社説もアメリカの年来の政策の破綻を強調していた。

第二の専門家の見解という次元では、オバマ政権の東アジア太平洋担当の国務次官補として対中政策の中心にあったカート・キャンベル氏の告白が目立っていた。

キャンベル氏が大手外交誌フォーリン・アフェアーズの最新号に発表した論文が注目されたのだ。

同氏は「中国はいかにアメリカの期待を無視したか」という題の同論文で次のように述べていた。

「アメリカ歴代政権は中国との商業的、外交的、文化的なきずなを深めれば、中国の国内発展も対外言動もよい方向へ変えられるという期待を政策の基本としてきた。だがアメリカにとり、中国の動きを自分たちが求めるようには変えられないことが明らかになった」

「これからの新しい中国への対処にあたっては、まずこれまでのアメリカ政府の対中政策がどれほどその目標の達成に失敗したかを率直に認めることが重要である」

キャンベル氏といえば、対中融和姿勢が顕著だったオバマ政権でも対中政策の中心部に立っていた人物である。そんな経歴の人物が自分たちの推進した政策のまちがいをこれほど率直な形で認めるのだ。

トランプ政権の主席戦略官だったスティーブ・バノン氏は中国への強硬策を主唱してきたことで知られる。その主張の激しさは反中とも呼べよう。関与政策にははっきりと反対を表明していた。

そのバノン氏が政権を離れた後のごく最近、大手の外交政策研究機関の「外交関係評議会」に招かれ、米中関係について講演をした。同氏自身は中国に対する厳しい姿勢を非難されるつもりで講演にのぞんだという。

ところが現実にはバノン氏に接した外交関係評議会の超党派の元官僚や専門家、学者たちは講演後の質疑応答でいっせいに「トランプ政権が中国に対してまだ軟弱すぎる」と述べて、バノン氏やトランプ政権を逆に非難したというのだ。

従来の関与政策への反対が前提となったわけである。この反応にはバノン氏もびっくりだったという。専門家たちの間でも、こんな状況なのである。

第三はトランプ政権の次元である。

トランプ大統領は二〇一八年二月二十三日、保守系政治団体の総会で演説して、次のように語った。

「中国は二〇〇一年に世界貿易機関（ＷＴＯ）への加盟を認められたことで、アメリカに対して年間五千億ドルもの貿易黒字を稼ぐほどの巨大な存在への道を歩むこととなった」

アメリカが中国のＷＴＯ加盟に賛成したことがそもそものまちがいだったというのだ。その中国のＷＴＯ加盟こそ、当時のアメリカ側の対中関与政策の核心だった。だからトランプ大統領は関与政策をも非難していることになる。

トランプ政権が二〇一七年十二月中旬に発表した「国家安全保障戦略」でも、対中関与政策の排除は鮮明となっていた。

以下のような記述だった。

「ここ数十年にわたりアメリカの対中政策は中国の台頭と既成の国際秩序への参加を支援すれば、中国を自由化できるという考え方に基礎をおいてきた。だが中国はこのアメリカの期待とは正反対に他の諸国の主権を侵害するという方法で自国のパワーを拡大してきた。中国は標的とする他の諸国の情報をかつてない規模で取得し、悪用し、自国側の汚職や国民監視をも含む独裁支配システムの要素を国際的に拡散しているのだ」

このように、いまやアメリカでは対中関与政策はもう〝放棄〟されたと述べても、不正確ではない状態なのである。アメリカの中国に対する姿勢の根本からの硬化は日本にもさまざまな形で大きな影響を及ぼすだろう。なおトランプ政権の、この国家安全保障戦略の内容については第6章で詳しく紹介する。

中国の対外戦略の基本となったアメリカ敵視

さて米中関係のこの歴史的な変革を政治党派性の薄いアメリカ側の専門家はどうみるのだろうか?

アメリカでは官民を問わず、外交政策となると、共和党か、民主党かの区別で色彩が異なることが多い。中国専門家たちの間でも、その種の党派性の傾向は存在する。しかしその党派性を越えた、長老とか重鎮とみなされる専門家たちも厳存する。

そうした大御所的な中国問題の専門家の一人、ロバート・サター氏に現状への見解を尋ねてみた。

サター氏は民主、共和両党のアメリカ歴代政権で中国政策を三十年余り、担当してきた。

個人の政治心情としては民主党系の人物だといえる。だから共和党のトランプ政権自体をとくに支持する立場にはまったくない。現在はジョージワシントン大学の教授である。

サター氏はハーバード大学での中国研究などで博士号取得、一九六八年から二〇〇一年までアメリカ政府の中央情報局（CIA）、国務省、国家安全保障会議、国家情報会議、議会調査局などで中国政策を担当した。その後はジョージタウン大学教授を経て、現職にある。

サター氏は二〇一八年三月中旬、ジョージワシントン大学の自分の研究室で私のインタビューに応じてくれた。

そのインタビューでサター氏は、トランプ政権や議会が一致して長年の中国への協調を基本とする関与政策を止める形で新たな対中対決政策へと踏み出したことを明らかにした。この新政策では日本との連帯への期待も大きいという。

米中関係は歴史的な変革を迎えた――サター氏の見解を総括すれば、こんな結論だといえるだろう。

サター氏との一問一答の骨子は次のとおりである。

――アメリカの中国に対する態度はいまどういう状態なのですか。

ロバート・サター「アメリカの対中政策はいま歴史的とも呼べる大きな過渡期に入り、変革を迎えました。米中国交樹立以来の米側歴代政権は『中国との協力分野を増やしていけば、中国はアメリカにとって利益となる方向へと変わる』という前提に基づく関与政策を中国に対してとってきました。それがここへきて、この関与政策がアメリカをむしろ害することが明白となったからです。

トランプ政権が最近、公表した国家安全保障戦略や国家防衛戦略もこれまでの姿勢を変え、中国を競合相手、修正主義と断じました。中国の国のあり方がアメリカの価値観に反するとまで明言して、新たな対中政策の中心に対決や警戒を据え始めたのです。これら厳しい用語はアメリカ政府レベルでは中国に対してこれまで使われたことがありませんでした」

――アメリカの態度をここにきて根本から変えさせた原因はなんでしょうか。

「中国の戦略的な動向や意図の本質が明確になったことです。今回の二〇一八年三月の全国人民代表大会（全人代）でも明らかになったように、中国共産党はまずアジア太平洋全域で勢力を強め、他国に追従を強いて、アメリカをアジアから後退させようと意図しています。『中国の夢』というのはグローバルな野望なのです。アメリカ主導の国際秩序を嫌い、それに挑戦して、アメリカの弱体化を図る。軍事、経済、政治などあらゆる面での中国政府の動きがアメリカを敵視しての攻勢なのです」

――アメリカ側では中国のそうした実態をいまになってわかったというのでしょうか。

「いや基本的にアメリカの国益をすべての面で害するという中国の挑戦が明白になったのはこの一年半ぐらいだといえます。南シナ海での軍事膨張、貿易面での不公正慣行、国際経済開発での中国モデルの推進、国内での独裁の強化など、みなアメリカの政策や価値観への挑戦なのです。私自身は二〇〇九年ごろから中国のこの基本戦略は認識していたつもりです。しかしオバマ政権下ではなお中国との協調こそがアメリカを利するという政策が主体でした」

――中国の対外戦略の基本はアメリカ敵視だということですか。

「基本はそうだといえます。だが、アメリカが強く反発するとなると、中国はその攻勢を抑制します。その一方では最近の習近平主席はロシアのプーチン大統領と緊密に連携し、アメリカの力を侵食する手段を画策しています。軍事面をも含めてなのです。

『一帯一路』も中国のパワー誇示の野望の一環だといえます。インフラ建設ではあまり実体のない計画をいかにも巨大な実効策のように宣伝する。中国政府による対外的な情報戦争と呼べるプロパガンダなのです」

――ではこれからのアメリカは中国にどう対峙していくのでしょうか。

「アメリカは総合的な国力を強くして中国を押し返さなければならないでしょう。トランプ政権はもうそのための措置を取り始めています。アメリカが本気で押し返せば、中国も慎重になります。アメリカはそうした新たで強固な対中政策の推進に際しては日米同盟への依存をも高めることになります。日本の安倍晋三首相は中国の本質をみる点で優れていると思います。トランプ大統領も対中政策では安倍氏から学んでいるところが大きいです。

中国の膨張戦略はたぶんにアメリカがもう弱くなってきたという認識から発しています。オバマ前政権では中国のその膨張に対して、正面から止めようとはしませんでした。中国はそれをよいことにさらに膨張を続けるという実態だったのです。しかしアメリカ側ではいまや中国のその認識や真の意図がわかり、中国には対決をも辞さずに強固に立ち向かわねばならないという思考が強くなったのです。この思考はトランプ政権だけでなく議会でも超党派の支持があります」

以上がサター氏の見解だった。

北朝鮮に圧力をかけるふりをし続けてきた中国

アメリカの習近平体制下の中国をみる目がこのように一段と厳しくなっており、中国の反応をめぐって活発な議論が起きていた。中国側の謀略を指摘する声もあった。このあたりは米中関係という世界最大の二国関係の奥の深さ、幅の広さを物語っているともいえる。

米側のそんな謀略指摘の一例をあげよう。

トランプ政権が北朝鮮の核武装阻止のため中国に北への圧力行使を要請し、中国側がこれに応じるかのようにふるまうのも、じつはアメリカの無力さを全世界に向けて印象づけようという〝謀略〟だとする見解がワシントンで広がってきたのだ。その背後には独裁体制を強める習近平体制の弱点を重視する姿勢も浮かびあがる。二〇一七年末のことである。

「トランプは習の協力には依存できない。中国は北朝鮮を利用してアメリカの影響力を弱めているだけなのだ」

こんな見出しの評論がアメリカの最大手紙のウォールストリート・ジャーナル二〇一七年十二月五日付けに載った。見出しにはさらに「中国の北朝鮮に対する狙いはなにか」という言葉もあった。

要するにトランプ政権は北朝鮮の核兵器開発を阻むために中国の北に対する経済圧力を求め、その中国の動きこそがカギだとしてきたが、そもそも中国にはこのアメリカの要求にまともに応じる気はないのだ、という趣旨の記事だった。

筆者はダニエル・ナイデス氏、元米海兵隊員で現在は国際問題研究機関の「大西洋評議会」などにかかわる新鋭のアジア研究者である。中国への不信を正面からぶつけるこの種の意見はいまのワシントンでの認識の反映だった。

周知のようにトランプ政権はアメリカ本土への直接の脅威ともなった北朝鮮の核兵器と長距離弾道ミサイルの開発を抑えるために、まず中国に対して北朝鮮への石油輸出停止など大幅な経済圧力を加えることを要請してきた。具体的には二〇一七年四月のフロリダ州での米中首脳会談でトランプ大統領が習近平国家主席に懇願に近い形で依頼した。だが以来、新しい年を迎えても中国はそれほどの実効ある措置をとらなかった。

中国は二〇一七年十一月、共産党中央対外連絡部の宋濤《そうとう》部長を北朝鮮に特使として送った。米側は宋部長が十月に開かれた中国共産党大会の内容を伝えるとともに、核開発停止への圧力をかけると期待していた。だが現実には核開発停止への動きはまったくうかがわれずに終わった。

中国が国連の北朝鮮核開発阻止のための制裁案に賛成しながらも、実際には阻止の意図がないようだとの観測が米側では一気に広まった。

こうした背景を受けてのナイデス氏の論文は以下の諸点を指摘していた。

・「中国は北朝鮮の核武装に本当に反対し、その阻止に努めてはいるが、金正恩政権を崩壊させるような圧力はかけられず、その対応に悩んでいる」という構図が米中両国側でよく描かれるが、この構図はそもそも誤っている。

・現実には中国は北朝鮮の核兵器開発阻止の意図はなく、アメリカから要請されて、北朝鮮に圧力をかけるふりをするが、アメリカが求める結果が出ないという状態を続けることを真の目的としている。

・アメリカが北朝鮮の核開発阻止を中国に懇請しながらおそれを実現できず、危機だけが続くことは超大国アメリカがパワーを減らし、国際的な指導力や影響力を失ってきたという印象を広める。その結果としての世界各国、とくにアジア各国のアメリカへの信頼の喪失こそが中国の戦略的な狙いである。

ナイデス論文は以上のように述べたうえで、アメリカ側はその対策として北朝鮮問題での中国への依存を止めて、日本や韓国、インドなどの諸国との戦略的連帯を強め、インド太平洋地域でのパワー拡大による中国への巻き返しに努めるべきだ、と主張していた。

かなりの成功をみせている中国側のプロパガンダ

しかしトランプ政権の登場とその政策によってアメリカの国際的影響力が低下したという見方は、アメリカの一部でもこのところ語られてきた。日本の識者の間でも、同様の見解が述べられおり、確かに「アメリカの衰退」という傾向を示すような現実の出来事もあった。トランプ政権による環太平洋パートナーシップ（ＴＰＰ）や地球温暖化対策のパリ国際協定からの離脱、国連機関のユネスコ（教育科学文化機関）からの脱退はアメリカの国際関与の〝縮小〟を印象づけた。

その一方、中国はトランプ政権の多国間アプローチ嫌いを利用するかのように、習主席らの国際的な場を使い多国間的な発言の頻度を高めてきた。「一帯一路」とか「アジアインフラ投資銀行（ＡＩＩＢ）」という国際的拡張を思わせる構想をも打ち出してきた。

これらは国際社会に対し、「アメリカの後退」「中国の拡張」というイメージを膨らませるのを後押ししたようだった。

ところがこの種の構図は事実に反するとする考察が米側の中国研究の重鎮から発表された。前記のナイデス氏の論文とも合致する考察だった。

ワシントンの大手研究機関の「ＡＥＩ」アジア研究部長で中国専門家のダン・ブルーメンソール氏により二〇一七年十一月中旬に発表された論文である。同氏は国防総省の中国部長をも務めた全米有数の中国研究者である。

ＡＥＩ機関誌に載ったこの論文は「トランプ大統領のアジア戦略の概要」と題され、「『アメリカの衰退と中国の台頭』という主題はいまの習近平支配下の中国共産党政権が対外的プロパガンダで最大の重点をおくメッセージであり、事実と異なるから注意しなければならない」と警告していた。

その骨子は以下のとおりである。

・中国共産党政権の要人や学者、メディアがいま繰り返す「中国の国際的な台頭と拡張は不可避であり、アメリカは衰退を続ける」という主張は習近平政権にとって最重要な対外プロパガンダである。

・このプロパガンダはアメリカ国内でも効果をあげ、「アメリカ衰退、中国隆盛」を説く専門家の発言が米側の主要メディアにまで出ることが増えてきた。だがこの主張は事実に反するので反論や否定は容易である。

・現実には習政権は経済成長の低下、人口の高齢化、富の対外流出という窮状に加え、人権弾圧や文化、言論の抑圧を続け、国際的に誇れるビジョンや価値観はない。「一帯一路」のような国際構想も成功していない。

・それでも中国側のプロパガンダが米欧諸国でかなりの成功をみせているのは米側にこの中国の世論戦に対抗する手段がなくなっているからだ。米側には、かつての海外情報文化局（USIA）のような対外宣伝機関による対抗手段としての反プロパガンダ活動が必要である。

以上のような見解を述べるブルーメンソール氏はトランプ政権にも近い。同政権の対中政策を反映する見解でもある。同政権の対中姿勢は対決をも辞さない強固さをも内蔵していくということだろう。

日本側でも「アメリカ衰退、中国隆盛」という主張にはまず注意を、ということでもあろう。

(2)米中貿易戦争のはじまり

貿易戦争のスタートとなった中国製・太陽光パネルの関税引き上げ

米中関係の新たな対決の時代を不吉に象徴するように、両国間において二〇一八年春、貿易戦争とも呼べる激しいせめぎあいが始まった。その激突は日本をも〝巻き込んだ〟形となった。アメリカの首都ワシントンでは「貿易戦争」という物騒な言葉が頻繁に語られるようになった。二〇一八年二月ごろからだった。

トランプ大統領がいよいよ中国に対して貿易戦争を挑む、という観測からである。トランプ政権は現実に中国の貿易のあり方を激しく非難して、戦いともみえる懲罰的な行動をとり始めたのだ。

アメリカの政府や議会が前回、貿易戦争と呼べる強硬な対外の言動をとったのは一九八〇年代、レーガン政権下のことだった。

この時の相手は日本だった。アメリカは日本の対米経済攻勢に激しい反発の姿勢をみせたが、なお安全保障面では日本は同盟国だった。現実にその同盟のきずなが貿易面での衝突を緩和するうえで大きな役割を果たした。

だが中国は安保面でもアメリカとは競合や対立という状態にある。しかも貿易面での米中両国のやりとりの規模は八〇年代の日米貿易よりははるかに巨大である。だからこそ米中貿易戦争が本格的に始まるとなると、アメリカ経済にも、世界経済全体にもその衝撃波はとてつもなく激しいものになるだろう。新たな国際危機さえ生まれかねないほどの――。


トランプ政権の中国に対する貿易面での明確な戦いと呼べる措置のスタートは、二〇一八年一月二十二日に発表した中国製の太陽光パネルの輸入関税引き上げだった。

中国は近年、巨額にのぼる太陽光パネルをアメリカに輸出してきたが、トランプ政権はその中国の国内での生産や輸出に関して政府の特殊な補助があるとして〝不公正〟を訴えた。アメリカへの輸出価格も不当に安いダンピングだと非難してきた。

その結果、トランプ政権は中国製の太陽光パネルに新たに最高三〇％までの懲罰的な関税をかけると発表したのだった。

トランプ政権は一月二十二日、同時に家庭用洗濯機の中国や韓国からの輸入にも不当な点があるとして、懲罰的な関税を最高五〇％にまでも引き上げるという措置を発表した。

トランプ政権はさらに中国から輸入されている鉄鋼とアルミニウムに対しても不当廉価の調

査や、それに伴う輸入量規制、関税引き上げを検討していることを明らかにしていた。この鉄鋼とアルミニウムへの懲罰的な関税措置はまもなく日本をも巻き込んで、実行されることとなった。

トランプ大統領はそのうえ二〇一八年一月の時点で中国の偽造品、模造品、特許盗用などの大規模な知的所有権侵害行為を改めて提起して、アメリカ政府として近く対抗措置をとる方針を再強調した。中国の知的所有権侵害に対しては、トランプ大統領は米通商代表部（USTR）に二〇一七年八月、正式の調査の開始を命じていた。今回の発言はその調査の結果に基づく中国政府に対する経済制裁的な措置をいよいよ実行に移すという大統領の意向の表明だったのだ。

懲罰的な相殺関税も厭わない中国

そもそもこうしたトランプ政権の貿易面での中国に対する厳しい姿勢は、トランプ氏自身の二〇一六年の大統領選挙中からの中国非難が出発点となっていた。「中国は不正な経済や貿易の慣行によりアメリカから巨額の不当利益を得ている……」という趣旨の中国糾弾だった。

ただし同大統領は就任直後からは北朝鮮の核武装阻止で中国の協力を求めたため、本来の貿易面での中国糾弾は抑制するようになっていた。

ところが、トランプ大統領は中国が北朝鮮問題で積極的な対米協力をしないことが明白となった二〇一七年夏以降、本来の貿易面での中国非難を再度表面に出すようになっていた。同年十一月のアジア諸国歴訪でも、トランプ大統領は一連の演説で経済面では許せない対象として「不正な貿易慣行、略奪的な国家産業政策、国有、国営企業の不当な補助」などをあげて、中国非難を鋭利にしていた。その背景には、米中貿易では中国の黒字が膨張を続け、年間三千億ドル以上という記録破りの水準になるという事態の悪化があったのである。

では、アメリカのこうした強硬姿勢に中国はどう対応するのか。

中国がアメリカの巨大な市場への輸出の拡大によって自国経済全体を豊かにしてきた事実から、アメリカに対して全面的な貿易戦争という事態を起こすことには当然、ためらいはあろう。だが、かつての日米経済摩擦では日本側が安全保障上のアメリカとのきずなの侵食を恐れて、貿易政策面で結局は米側の要求を容れて、大幅に譲歩をした経緯と比べると、中国にはその種の〝弱み〟はない。

この点でいまアメリカ側が注視するのは中国政府が二〇一八年二月四日に発表したアメリカ産のモロコシ類穀物の対中輸出への特別調査措置である。

中国商務省はアメリカから中国に大量に輸出されるモロコシ類穀物には不当廉売や政府補助の疑いがあり、懲罰的な相殺関税をかけることを検討し始めた、と発表したのだ。この措置は明らかに米側の動きへの報復、あるいは警告といえよう。

米中間の貿易戦争は決して米側だけが攻撃をかけるのではなく、中国側も対抗措置をとるという構えが示されたわけだ。

米側でも中国との間で貿易戦争が展開された場合、被害も当然、予測される。中国への輸出の減少だけでなく、廉価の中国製品のアメリカへの輸入が減れば米側の国内消費が減り、インフレが助長されることはすでに明確である。

同時に経済面での世界第一と第二の大国の衝突は全世界の貿易の抑制にもつながりかねないグローバルな負の影響も予測されるわけである。

あまりにもひどい中国によるアメリカの知的財産の奪取

しかし、米中両国間のこの貿易面での攻防の今回の端緒は、日本にも関係の深い「知的所有権」の分野だった。この点は前述のとおりである。

その知的所有権をめぐるトランプ政権の動きと中国の対応をここで少し過去にさかのぼって詳述してみよう。このへんの経緯がいまの米中間の貿易面での衝突の核心であり、原点だともいえるからだ。

トランプ大統領は二〇一七年八月十四日、アメリカ通商代表部（ＵＳＴＲ）に対し、中国による米側の知的所有権の侵害や窃取の実態を本格調査することを命じた。この動きは同大統領が選挙キャンペーン中から主張していた「中国の不正な貿易慣行の是正」の試みだった。

知的財産とは知的所有権、より具体的には特許、商標、意匠、著作権などである。その窃盗とか窃取とは、他者の特許、商標、意匠、著作権などを無断で使うことだ。その結果は偽造品、模造品、海賊版、剽窃などとなる。要するに偽物づくりだといえる。

トランプ大統領は通商代表部への命令を出すに際して、次のような言明をした。

「私たちはアメリカの企業、アメリカの労働者の知的財産を保護するための確固たる措置をとることによって、もう一つの選挙公約を果たすつもりだ。中国によるアメリカの知的財産の奪取は毎年、米側に数百万の人間の雇用の消失と数百億ドルもの資金の損失をもたらしている」

「これまであまりにも長い年月、アメリカ政府がなんの対策もとらなかったために、アメリカの知的財産という貴重な資産は不正な方法で中国などへ流出する結果となってきた。こんな状況を座視することはもはやできない」

米側における年来の知的所有権に関する中国への不満は、次のようにも区分できる。

第一には、中国の官民によるアメリカ製品の無断の模造や偽造による特許や商標、デザインの盗用である。

第二には、中国政府が米側のハイテク企業が中国に進出する場合、必ず中国側企業との合弁を義務づけ、米側企業の秘密情報を収奪することで、いずれも中国自身が加盟する世界貿易機関（WTO）の規則に違反することである。

米側では知的所有権は経済活動の有力な土台であり、外国による海賊版ソフトウェア、偽造品、模造品、企業秘密の盗用などによってアメリカ企業全体で年間総額六千億ドルもの損害を受けてきたと主張する。その盗用などのほとんどが中国によるという。

なにしろ中国側の官民によるアメリカの知的所有権の侵害の歴史は古く、米側の苦情や抗議の歴史もこれまた古いのである。アメリカ議会の対中政策諮問機関「米中経済安保調査委員会」が二〇〇五年の年次報告書で以下のような調査結果を公表していた。

・中国で流通する著作権を有する業界の製品の九〇％以上は海賊版で、全世界の偽造品の七〇％ほどが中国製である。
・中国の偽造品は中国自身の国内総生産（GDP）全体の八％を占める。二〇〇四年の中国のGDPは一兆七千億ドルだったから偽造品総額は約千四百億ドルとなる。
・アメリカ企業は各分野で中国側の模造品、偽造品によって巨額の損失をこうむってきた。
・中国側の偽造、模造は医薬品、計測機器、工業安全製品など人間の健康や安全に直接、影響する分野にも及ぶため、その危険性はきわめて高い。

私自身も産経新聞中国総局長として北京に二年間、駐在した期間には、中国側の偽造品の洪水を実際に体験した。北京の中心部を歩いているだけでアメリカのハリウッドの最新映画の海賊版のＤＶＤやＣＤがただのような安値で違法に売られていることをいやというほど目撃した。

当時、この中国の社会とか国家に深く根差した偽造、模造の文化を取材してみて、とくに驚いたことの一つは日本の大手電動工具メーカー「マキタ」の製品の組織的な偽造だった。

上海近くの人口八十万ほどの余姚《よよう》という街ではその地区全体が「マキタ」製品の偽物製造で経済機能を保っているようなのだ。市内に多数ある工場でみな「マキタ」のドリル、カッターなどの偽造品を別個に製造していた。中国当局が何度も取り締まりをしたことを発表するが、実態は変わらなかった。

第二には本田技研のオートバイ、つまり自動二輪車の大量の偽装品製造だった。本田技研自身がその偽造企業を訴えていたが、裁判の進展はあまりに遅々としていた。なにしろ大規模な工場で製造された偽物「ＨＯＮＧＤＡ」車が大量に販売され、輸出までされていくのだ。

アメリカの大手企業も多数が中国でのこうした偽造や模造の被害を受けてきたのである。トランプ政権はそれをこの際、根本的に調査して、是正を図ろうというわけだ。

強硬な対中姿勢の背景に横たわる北朝鮮問題

トランプ政権がここにきて対中姿勢をこれほどに険しくした背景には北朝鮮問題が複雑に機能していた。

トランプ氏は選挙キャンペーン中から経済面、貿易面での中国官民のあり方に不満を唱え、大統領就任後にその是正のための実効措置をとろうとした。

ところが北朝鮮の核兵器とＩＣＢＭ（大陸間弾道ミサイル）の急速な開発がアメリカへの直接の脅威となったため、二〇一七年四月上旬の米中首脳会談においてトランプ大統領は習近平国家主席に北朝鮮への画期的な経済圧力をかけることを要請した。そのかわりに中国への種々の非難は一時停止する、という姿勢だった。

だが中国は結局、北朝鮮への思い切った経済制裁措置はとらなかった。このためトランプ大統領は二〇一七年七月はじめごろから再び、中国への非難や要求に声を大にし始めたという経緯だった。今回の知的所有権での本格調査の命令も、その範疇の動きだといえる。

トランプ大統領の側近だったが、八月十八日には大統領首席戦略官という地位を追われたスティーブ・バノン氏もつい最近のアメリカ・メディアとのインタビューで、いまのトランプ政権で最重要な案件の一つは「中国との経済戦争による中国側の不公正貿易慣行の是正」だと強調していた。

実際にトランプ大統領の中国に対する批判や糾弾の声は日に日に険しくなっており、貿易面での中国攻撃はまだまだ鋭くなりそうである。米中関係は経済面をみても確実に新たな対立の時代を迎えたといえそうだ。

無責任発言ではないトランプ大統領のＴＰＰ復帰

中国の巨大な影はトランプ政権の貿易政策のなかでもＴＰＰ（環太平洋パートナーシップ協定）政策にまで大きな影響を及ぼしてきた。

ＴＰＰとはいうまでもなく太平洋を囲む各国が結ぶ多国間の自由貿易協定である。アメリカはオバマ政権時代には中核となり、この協定を熱心に推進した。ところがトランプ大統領はこのＴＰＰに反対であり、就任してすぐに離脱の意向を宣言した。本来、アメリカを中心に十二ヵ国だったＴＰＰはアメリカなき十一ヵ国の自由貿易協定となったのだ。

ところがそれから一年ほど経ち、二〇一八年に入ってからのトランプ大統領のＴＰＰについての新たな言明が日本の政財界を揺さぶった。いや、全世界に激震を広げたといってよいだろう。

同大統領はアメリカがまたこのＴＰＰに復帰してもよいという趣旨の言葉を述べたのだ。

なにしろ同大統領は就任当日からこの多国間自由貿易協定から離脱する手続きをとっていたのだ。いやそれ以前の選挙期間中から、この協定はアメリカの国益を害するとして、排除を宣言していた。

ところがこんどは一転して、ある程度の条件をつけながらも、ＴＰＰに復帰するための再交渉にのぞんでもよいと述べるにいたったのだ。この逆転の理由はなんなのか。最も簡単な答えは「中国」のようである。

トランプ大統領は一月二十六日にこの爆弾声明を発した。スイスでの世界経済フォーラム（ダボス会議）での演説でトランプ大統領は、それまでのＴＰＰ拒否の立場を一転させ、復帰の意図があることを明確にしたのだ。

「アメリカはＴＰＰ加盟の諸国とも互恵の二国間の貿易合意を交渉する用意がある」

「ＴＰＰ加盟の数ヵ国とはすでに合意があるが、その他の加盟国とも個別あるいは集団での交渉を考える」

それまでの同大統領のスタンスを知る側にはびっくり仰天の逆転である。

日本はオバマ前大統領の下のアメリカ政府からはＴＰＰへの参加への圧力をかけられてきた。日本国内にも反対は多く、歴代政権がそれなりに努力して、反対論を抑え、前向きの対応をとるようになった。ところがその努力も水の泡といえる事態がトランプ政権のＴＰＰ排除だったのだ。

だがこんどはそのトランプ政権が政策を変えそうだというのだ。日本側としては、いい加減にしろと叫びたくなる二転三転だといえよう。

トランプ大統領には失言、放言も多い。今回のＴＰＰ復帰の言もつい口を滑らせた無責任発言ではないのか。その答えは明らかにノーである。だからこそ、いまの事態は重大なのだ。

ダボス会議でのこの演説は世界の政財界リーダー向けに事前に準備されていた。しかも同大統領はその前日、アメリカのＮＢＣテレビのインタビューでも「大きなニュースがある」と予告したうえで、「これまで以上の内容が得られるならＴＰＰとの再交渉を考える」と語っていたのだ。明らかに政権全体として協議を経た政策変更だと思われるのである。

ＴＰＰをめぐってはアメリカ以外の残り十一ヵ国がＴＰＰ11として合意文書をちょうど一月二十二日にほぼ確定し、三月には正式の合意文書として署名することを決めたばかりだった。その文書をまたアメリカを含めて再交渉の対象にすることは手続き上、難しい。

だがその一方、同文書にはアメリカの復帰も可能にする「凍結」部分も日本などの配慮が含まれている。ただし、万が一再交渉となると、日本は当然、農産物や自動車でのさらなる譲歩を迫られる可能性もある。

いずれにせよ、トランプ政権は明らかに政策を逆転させてTPPへの復帰や再交渉を試みる方向へと動く様子をみせてきたのだ。もちろんTPP11の側がそのアメリカの逆転政策に応じるか否かもわからない。手続き的にもアメリカが再交渉できるのかどうかも不明である。

だがここでまず大きく注目せざるをえないのは、トランプ政権がいまなぜ、TPP政策を逆転させるにいたったのか、である。

この疑問への現時点での最有力な答えは、トランプ政権の国際通商・財政担当のデービッド・マルパス財務次官がトランプ演説直後に述べた説明だといえよう。

「TPP政策のシフトの理由はここ一年間に起きた状況の変化だが、最大の要因といえるのは中国の経済的侵略がグローバル規模で激しくなったことだ。トランプ政権としての中国の略奪的な経済慣行へのより深い理解が、TPPの効用を再認識させるにいたったといえる」

マルパス氏は著名な国際エコノミストで歴代共和党政権の国際通商関連の高官を務めてきた。トランプ氏の信も厚く、選挙キャンペーンの早い時期から政策顧問となっていた。

トランプ政権の国際通商政策を担当するそんな側近の高官がTPPシフトの最大の理由が中国だと指摘するのだ。

マルパス次官の指摘する中国ファクターの重みはトランプ演説自体でも強調されていた。同大統領はダボス会議での演説でＴＰＰ再交渉を提起する直前の部分で明らかに中国を激しく非難していたのだ。

「アメリカは大規模な知的財産の盗用、不当な産業補助金、膨張する国家管理の経済計画など不正な経済慣行をもはや放置しない。この種の略奪的な行動は世界市場をゆがめ、アメリカだけでなく全世界のビジネスマンや労働者に害を及ぼしているのだ」

トランプ大統領はそのうえで公正で互恵の貿易システムが国際的に必要だと述べ、ＴＰＰに言及していったのである。

同大統領やマルパス次官のこうした言葉を追うと、今回のトランプ政権「ＴＰＰ再考」のプロセスがかなり明確となる。

貿易面でのここ一年の中国の不公正な膨張は激しく、アメリカ第一という思考からみても、その膨張によるアメリカ側の被害を防ぐために、本来、対中抑止、対中圧力の意図があったＴＰＰを利用することが賢明だという判断が大きくなってきた、ということだろう。

マルパス次官はＴＰＰ再評価の要因としてアメリカ経済が好転して、この種の国際経済協定への交渉を容易にしていることや、アメリカを除くＴＰＰ11ヵ国が協定枠組みを一月二十二日に確定し、アメリカにとってＴＰＰの全体像の把握を容易にしていることをもあげていた。

しかしなにが最大の要因かといえば、やはり中国の貿易や経済面での略奪的な膨張への対処策としてのＴＰＰの効用をいまや再認識したことだというのである。日本側にとっても重要な点だろう。

ただしこのトランプ政権とＴＰＰという課題についてはさらなる付記が必要である。トランプ大統領はダボス会議から三ヵ月足らずあとの四月中旬の日本の安倍首相との日米首脳会談では、「ＴＰＰへの復帰は当面は反対」という意向を述べたのだ。アメリカにとっての日本からみの貿易問題はあくまで日本との二国間交渉で解決にあたり、ＴＰＰを使う意思はないと語ったのだった。

まさにＴＰＰに対するトランプ政権の二転三転という動きにみえるが、同政権が中国の貿易面での大攻勢に対してはもう一度、ＴＰＰを利用してでも対処したいと考えていることは事実だといえよう。アメリカにとっての貿易面、経済面での中国とのせめぎあいはこんな次元までエスカレートした結果でもあろう。

第2章

米中の軍事せめぎあい

(1) 中国軍拡へのアメリカの警戒

まざまざと米側の危機感を感じた米中経済安保調査委でのやりとり

中国の軍事力増強やその基礎にある対外戦略に対する米側の官民の反発や警戒はこれほどまでに激しくなったのか？　トランプ政権の対中姿勢の硬化は決してその原因ではなく、単にその結果にすぎないのではないか？

ワシントンのアメリカ議会での大規模な公聴会を終日、傍聴して、私はこんな実感を抱いた。トランプ政権は安全保障面における中国との対決を明確に示すようになった。だがなぜここにきての対中硬化なのか。原因はなんなのか。

アメリカ国内では多様な対中観があり、トランプ政権はそのなかでもとくに強硬な姿勢や政策を独自に打ち出してきた、という見方も少なくない。

ところが現実にはアメリカ一般の対中観がこのところきわめて厳しくなってきたのだ。トランプ政権はその潮流にむしろ動かされたともいえそうだ。

トランプ政権は中国の軍事動向にとくに険しい視線を向ける。だがその態度は、米側の専門家たちの間で中国の軍拡への懸念や警戒が画期的に広まっていることを基盤にしている。

私にとってこんな実態をまざまざと感じさせたのは、二〇一八年二月中旬に開催された「中国の軍事の刷新と近代化＝アメリカへの意味」と題する公聴会だった。

連邦議会上下両院の政策諮問機関「米中経済安保調査委員会」が中国の大規模な軍拡の実態と、そのアメリカにとっての意味を徹底して討論するという公聴会である。

中国の軍事力の大幅な増強はもう二十余年も続いてきた。当然ながら、アメリカの歴代政権も懸念を表明してきた。だが習近平政権下で二〇一六年末ごろから推進された「人民解放軍の改革・近代化」計画がいまや米側に異例ともいえる真剣な反応を生むようになったのだ。

同公聴会はこの中国軍の「改革・近代化」という呼称の戦力増強を多様な角度から分析し、対策を提唱する試みだった。米中経済安保調査委員会の中国や安保に詳しい委員九人に対し中国軍事の専門家計十人が午前午後の三部会で詳細な証言と討論を展開した。

専門家たちの共和党、民主党に対する距離は多様だが、中国の軍拡がきわめて野心的、画期的であり、アメリカに重大な課題を突きつけているという認識では全員一致のコンセンサスを共有しているようにみえる点が最も印象的だった。

「中国の野望ありき」という認識で一致

冒頭で証言したランド研究所の上級研究員コーテズ・クーパー氏は全体図として以下のように述べた。

「習主席のいまの軍近代化は中国の防衛の再編と増強の過去最大の事業であり、中国軍の戦力、戦略、ドクトリン、部隊編成の強化は中国の地域的かつグローバルな利害追求と一体の野心的な内容となる」

「中国軍はこの計画を実行すれば、二〇三五年にはインド太平洋地域で陸海空、宇宙、サイバー、電磁波など、すべての面での戦力で米軍とその同盟国軍と同等以上となり、米側に有事への対応を難しくさせるだろう」

クーパー氏は米太平洋軍司令部に長年勤務して、中国軍の分析にあたった。

公聴会ではこの後、別の米側四人の専門家が中国軍の戦力増強の具体的な内容について、各軍別に報告した。

米空軍の中国担当顧問のベン・ローソン氏がパワー・プロジェクション（遠隔地への兵力投入）能力をも含めての戦闘機、爆撃機を増強する中国空軍の現状や将来を報告した。

米海軍大学のジェームズ・ホルムス教授が原子力潜水艦や空母などの増強で台湾海峡、東シナ海、南シナ海から遠洋での戦力を高める中国海軍の野心的な拡張計画を語った。

中央情報局（CIA）などの政府機関で長年、中国の軍事動向を追ってきたケビン・マカウリー氏が中国人民解放軍の陸軍について、その最近の組織再編成やデジタル化での合理化で戦闘能力を強化し、柔軟にする動きについて証言した。

海軍大学校の准教授として中国の核戦力を研究し、いまは民間のランド研究所で同じテーマを専門に調査するマイケル・チェイス氏が中長距離の核弾頭ミサイルの増強を急ぐ中国軍ロケット軍の近況を報告した。ロケット軍は長年、「第二砲兵部隊」と呼ばれ、各種ミサイルと核兵器の管理を任務としてきた。ごく最近、名称が変えられ、任務の拡大が発表された。

以上のような専門家たちの証言は中国人民解放軍が全体としても、個別の軍隊としても急速かつ大規模に戦闘能力を高めているという点で一致していた。

これら専門家の大多数はアメリカの政府機関や軍機関に勤務した経歴があり、その時期の政権は共和党、民主党の両方で、どの政党の政権だから、という党派性はきわめて薄いことを明示していた。中国の軍拡に対して米側では政党の区別なく、真剣な警戒が高まっているのだといえよう。

総括としての最も鋭い警告は、中国の戦略意図についてのジャクリーン・ディール氏の証言だった。同氏は主としてオバマ政権時代に国防総省で長官顧問や戦略評価局中国担当官を務めた。現在は民間の安全保障研究機関を主宰している。

ディール氏の証言の核心は以下のとおりだった。

「習近平政権はアメリカの国際リーダーシップを奪おうと意図する、イデオロギー上においてもアメリカの最大の脅威である。中国はこの野望を軍事力の大増強によりまずインド太平洋での米軍の能力の弱化や同盟の離反で実現しようと企図している」

中国がアメリカ主導のいまの国際秩序や勢力図の根本を崩そうという意図のために、その手段として軍事力を増強し続ける、というのだ。アメリカに対する軍事面での挑戦がいまの中国の軍拡だというわけである。

こうした認識がアメリカの中国軍事研究の専門家たちの間でいまやコンセンサスとなり、議会の共和、民主両党議員たちへと広がったのだ。トランプ政権が先頭になって、中国への強硬策を取り始めた、という構図ではないといえよう。

まず「中国の野望ありき」なのである。その結果、米中関係の今後は不吉で危険な暗雲を漂わせているわけだ。その展望が日本にとっても重大な課題となってきたことも自明なのである。

(2)アメリカ議会での「中国の脅威」全報告

それではトランプ政権自体は東アジアの安全保障の状況をどうみているのか。これは日本にとっても最重要の課題だといえよう。

加えて、トランプ政権は東アジアのなかで明らかに最大の軍事力を誇る中国の動向をどうみるのか。

これらの点について、トランプ政権下の米軍を代表する形で太平洋統合軍のハリー・ハリス司令官が二〇一八年三月十五日にアメリカ議会で詳細な報告をした。連邦議会上院の軍事委員会の公聴会での詳細な証言だった。

太平洋統合軍は文字どおり、太平洋からインド洋までの広大な海域、地域を管轄する。部隊の構成は陸海空三軍に海兵隊、特殊部隊などすべての米軍戦闘組織が含まれる。同統合軍の傘下には在日米軍、在韓米軍、第七艦隊なども入る。なお、この太平洋統合軍は二〇一八年五月に実態を変えないまま、名称だけを「インド太平洋統合軍」と変更した。

太平洋統合軍の最高司令官は伝統的に米海軍の大将が務める。現司令官のハリス大将はトランプ政権から一度、オーストラリア駐在大使に任命されるという情報が流れたが、その後に韓国駐在の大使になることが公表された。ちなみにハリス大将の母は日本生まれの日本人女性である。

さて、この太平洋統合軍が管轄するインド太平洋地域にはアメリカとその同盟諸国にとって、どのような挑戦や脅威があるのか。証言はその具体的な実態についての報告だった。

ハリス報告は口頭での証言と書面での報告とで成り立っていたが、その全体の主要点を以下に注釈をつけながら、紹介する。

この証言ではハリス司令官はいまのアメリカにとっての挑戦相手として中国、ロシア、北朝鮮、イラン、過激派テロ組織の五対象をあげ、そのうちの四対象がインド太平洋地域内で活動している、と強調した。

同司令官はその各組織について詳述したが、最大の脅威としてあげたのが中国だった。中国の脅威の内容についての証言が全体の報告では最大の比重を占めたのである。

そのハリス司令官の証言のうち、中国についての報告内容を紹介しよう。日本の安全保障にとっても最大の重みを持つ相手国の動向である。

中国の動向の全体図——運用を開始したジブチ新海外基地

「第二次大戦後の長い間、アメリカ主導の、一定規範に基づく国際的な秩序はインド太平洋地域を平和に保ち、地域全体の経済繁栄を生み出してきた。この地域的な安定から最大の利益を受けてきたのが中国だといえる。国際的な法律と規則の尊重、そしてその順守はアジア太平洋に近代でも最も長い平和と繁栄の時代を作り出してきたといえる。だが、その状況が変わってきた。

中国は南シナ海でとくに挑発的で不安定となる行動をとるようになった。二〇一八年のいまもその行動は止まっていない。中国の歴史的にも前例のない経済発展は目をみはるような攻勢的な軍事増強を可能にして、まもなく軍事のあらゆる分野でアメリカと正面から対決する状況となった。中国のそうした軍事面での拡張は、ミサイル・システムの顕著な増強、第五世代戦闘機能力、中国海軍の規模と能力の増大などを含んでいる。

中国海軍の拡大の主要な構想の一つは、昨年八月から運用を始めた中国軍としては初めての海外基地、ジブチ（東アフリカ）である。

また、超音速のミサイルなどを含む軍事技術の新しい波への中国軍の大規模な資金投入も米側の懸念の対象となっている。その軍事技術にはさらに宇宙やサイバーの高度な軍事能力や人工知能（ＡＩ）の新開発も含まれる。

この種の中国軍の戦力増強に対して米側もいま以上の努力を積まなければ、太平洋統合軍は未来の戦場において中国人民解放軍と相克し合うことができなくなる。

中国のいまの軍事近代化はインド太平洋地域の各国にとって将来の安全保障上のパートナーとしてアメリカのかわりに中国を選ぶことを強いるという、中国側が宣言する戦略の核心なのだ」

ハリス司令官はまず中国の脅威を以上のように総括した。そうした軍事大増強の背後にある中国の国家戦略を説明、「このままではアメリカはインド太平洋で後退を強いられていく」と警告した。

同司令官は中国のこの野心的な動きをさらに軍事戦略面にしぼって、米側がとくに懸念する具体的な側面に光をあてていった。

主要なチャレンジ――「戦区司令部」を再編成した中国人民解放軍

中国人民解放軍の近代的ハイテク戦闘部隊への急速な進化は非常に印象的であり、アメリカ側の懸念の対象でもある。中国軍の能力は全世界のいかなる国の軍隊よりも急速に発展している。その基盤は強固な国家資源と国策での優先順位である。

二〇一七年十月の中国共産党第十九回全国代表大会において、党総書記の習近平氏は軍事力発展が国家優先策であり続けることを公約した。習氏は二〇三五年までに軍事近代化を完結させ、二〇四九年までには中国軍の「世界級」の地位確保を達成することを誓ったのだ。米太平洋統合軍としては、中国軍のこの現在の増強の軌道が続く限り、この種の目標を公式な達成時期よりも早くに実現すると予測している。

中国人民解放軍が地理的基準に基づく「戦区司令部」の再編成を実行してからすでに二年が過ぎた。この間、中国軍は機能のプロセスと構造の両面で急速な成熟化を示した。朝鮮半島情勢が緊迫するにつれ、中国や関係諸国の報道機関は朝鮮有事に責任を持つ中国軍北部戦区での演習や準備に光をあてるようになった。この戦区は朝鮮有事に責任を有する司令軍区なのだ。

同様に西部戦区では二〇一七年の夏と秋、中国とインドの国境近くの洞朗（インド名・ドカラ）地域での両国軍隊の対立状態が続き、多様な活動が起きた。中国軍はなお前進するにはいくつもの課題を残しているとはいえ、各部隊間の相互運用性は確実に増してきた。

ミサイル――劇的な進歩を示すＩＲＢＭ

中国は明らかにグローバルな制覇、影響力の拡大を企図しており、驚くようなスピードとスケールの軍拡はそのための手段だというのである。その中国の軍事力の具体的な増強についてハリス司令官は語った。まず中国軍の脅威がとくに突出するミサイル戦力の報告は以下のようだった。

「中国軍は弾道ミサイルの分野で最も劇的な進歩を示している。中国軍は弾道ミサイル各種すべての基数、型式、精度などを高めているが、中距離弾道ミサイル（ＩＲＢＭ）の技術の進歩が最も顕著だといえる。中国軍のミサイル戦力全体のなかで、このＩＲＢＭはほぼ九五％をも占めるようになった。

中国のメディアは定期的にミサイル開発を大々的に宣伝するが、その際は注意深く、それらミサイルが特定の国を標的にはしていないことを強調している。しかし各種ミサイルの飛行距離を実際の地理に置き換えてみると、どのミサイルがどの地域を標的としているかが、明らかとなる。

短距離弾道ミサイル（ＳＲＢＭ）は台湾と米海軍空母機動部隊の海上活動を標的とする。ＩＲＢＭは日本国内の米軍基地とグアム島、ＩＣＢＭ（大陸間弾道ミサイル）はアメリカ本土を標的とするわけだ。中国軍の高度の超音速ミサイル技術の追求はこんご数年間、米側にとってさらに大きなチャレンジとなる」

海軍力の大増強――二〇二〇年には世界第二の海軍大国の地位を奪取

ハリス司令官はさらに自分自身の専門領域である海軍力について、中国側の実態を報告していった。

「中国人民解放軍の海軍はいままさに大規模な造船計画の真っただ中にある。もしこの計画が予定どおりに進めば、中国はロシアの世界第二の海軍大国の地位を二〇二〇年には奪うこととなる。つまり潜水艦やフリゲート艦、さらにそれより大型の艦艇の規模で、ロシアを追い越すということだ。

誘導ミサイル巡洋艦の０５５型（任海型）一番艦は二〇一七年六月に初就航した。この艦は多目的戦闘の先進艦艇の先頭となり、二〇一九年には実戦配備されると予測される。少なくともさらに四隻のこの級の艦艇が建造されつつある。

さらに誘導ミサイル駆逐艦の０５２型（旅洋型）六隻がすでに活動を開始しており、さらに同型七隻が建造中、あるいは改装中である。

中国海軍の水陸両用作戦の能力も増強されている。水陸両用の上陸作戦の能力を有するドック型輸送揚陸艦の０７１型（玉昭型）合計四隻がすでに既存の艦隊に編入された。攻撃用ヘリコプター搭載の強襲揚陸艦の０７５型の一番艦も建造中である。

二〇一七年十月には中国は高速戦闘支援艦の９０１型の一番艦を完成させた。この艦艇は中国の航空母艦を支援するために特別に設計された最初の兵站用の艦である。中国の第二の航空母艦は大連港にあり、試験航海に出ようとしている。

建造中の新しい潜水艦は０３９A型（元級）さらに五隻と、攻撃型原子力潜水艦の０９３型（商級）がさらに四隻を含む。これらの艦艇はすべて改善された通信機器と、より破壊力の強く、長距離の兵器類の装備を誇示している。

加えて、中国軍は潜水艦を主体とする海中戦闘能力を大幅に強化している。とくに攻撃型潜水艦は破壊力と戦闘面での生存能力を高めている。スクリュー音の少ないハイテク導入のディーゼル推進型と原子力推進型の両方の潜水艦が建造されている。

晋級とされる弾道ミサイル搭載原子力潜水艦（ＳＳＢＮ）四隻も新たに配備された。晋級原潜の戦略的能力は大きく、米軍も新たな抑止措置が必要になる」

空軍力の飛躍——ここ数年のうちに配備が予想される第五世代戦闘機

中国の海軍だけをみても、なんともすさまじい大増強ではないか。

ハリス司令官はさらに中国の軍拡について海軍以外の分野にも言及した。これまた軍拡の勢いはすごかった。

「中国人民解放軍の空軍と海軍航空部隊の発展は新しい航空機の出現にはあまり依存していない。だが、いくつかの注目すべき展開はある。空軍力と防空能力の進歩は作戦訓練の練度の高まりに顕著にうかがわれる。中国軍の爆撃機が数年前に、フィリピン海、日本海、南シナ海などの上空で試験爆撃の飛行を始めたとき、その演習は基礎的な範囲を出なかった。

だが、いまでは同じ爆撃演習においても、護衛の戦闘機や空中給油機を含む特別な支援航空機群がともに活動する姿が認められる。主要な演習活動では敵味方に分かれた練度の高い対抗部隊や評価担当者たち、そしてより効率の高い挑戦や能力評価の手段が見受けられるようになった。

J20（殲20）多目的戦闘機プログラムは、開発とプロトタイプの段階から作戦使用への段階へと前進した。現段階において、J31（殲31）ステルス戦闘機のプログラムはJ20よりも緩い速度で進んでいるようだ。だが、この両プログラムは中国軍が第五世代の戦闘機をここ数年のうちに配備できる能力を持つことを示している。

新鋭の大型輸送機のY20（運20）は人民解放軍にとって長年の課題だった中国領内や諸外国の遠隔地へ部隊や兵器を運ぶための能力を大幅に高めることとなった。性能を改善された爆撃機、電子戦争能力、司令と統制の強化、対潜哨戒機の充実などは、みな中国軍の広範な領域での軍事作戦の実行を可能にするものである。

また、中国陸軍の地上部隊はなお全体の再編成の最中にある。同陸軍は年来の師団規模から戦闘集団軍規模の組織へと移りつつある。このより柔軟な、統合された戦闘態勢は、中国陸軍により正確に、幅広く多様な有事事態に対応できる能力を与えることになる。

陸軍部隊は演習でも未知の地域で、難しい条件下、異なる環境下でも、より効率の高い活動ができるようにする目標へと進みつつある。

人民解放軍海兵部隊の拡大も続き、全体として2個旅団から8個旅団へと増えた。だいたい2個旅団がそれぞれほとんどの戦区司令部に配備されるようになった。この陸軍海兵隊の一隊は昨年夏から、中国軍の初の海外基地のジブチに駐屯するようになった」

新分野における脅威――サイバー攻撃、宇宙兵器、戦略支援部隊の進化

ハリス司令官はまた中国軍が従来の陸海空の戦力を越える新分野でも脅威を増していることを指摘した。

「サイバー空間はいまの世界がインターネットへの依存を高めるにつれ、急速に重要となった。各国家のパワーや安全保障は、サイバー空間での安全な作業の能力に大きく左右されるようになった。全世界でいま最も能力の高いサイバー国家は中国とロシアである。とくに中国はそのサイバー攻撃の主対象がアメリカとなり、脅威を増している。

中国はサイバーを戦争遂行ドクトリンにしっかりと組み込み、戦闘能力の一環として使うのだ。

現実に中国はサイバーを軍事面で超重視するからこそ『戦闘支援部隊』を創設し、そのなか

にサイバー作戦を導入し、他の軍事作戦と一体化したのである。

中国は宇宙での兵器の開発をも続けている。その内容は広範かつ堅固である。実例としては直接上昇の人工衛星破壊ミサイル、軌道利用の人工衛星破壊システム、サイバー利用の宇宙兵器、直接エネルギー兵器、地上配備の宇宙作戦妨害のシステムなどである。いずれも有事の際にアメリカの宇宙関連の軍事活動に重大な妨害を加えうる。

中国人民解放軍は二〇一五年十二月末、戦略支援部隊（ＰＬＡＳＳＦ）の創設を発表した。以来、この特殊部隊は中国軍全体の管理の改善に寄与し、とくにサイバー攻撃、宇宙作戦など特別な領域で目覚ましい能力を発揮してきた。

戦略支援部隊は他国の軍隊の宇宙利用、電磁波利用、通信システム、そしてデータのネットワーク利用などを著しく妨害し、攪乱する機能を持つ。この総合的な部隊は中国軍が他国の軍隊との『システム対システム』の戦いに勝つことに重点をおくという戦略を反映している」

中国の南シナ海での傍若無人ぶり——進むスプラットレー諸島の軍事化

中国のこうした軍拡が特定の目的のための手段だとすれば、その目的はなにか。ハリス司令官はその目的の実例として中国の南シナ海での侵略的な膨張を詳述した。

「アジア太平洋地域では海洋の領土主権の衝突がなお各国間の摩擦の大きな原因となっている。

そのなかでも私（ハリス司令官）が最も懸念しているのは中国の南シナ海でのなお継続中の行動である。二〇一七年だけでも中国は紛争領域に建設した基地の軍事化のための重大な措置をとった。

中国軍は南シナ海全域で空軍、海軍、海警、海洋民兵など、すべての兵力分野で強力な存在を誇示している。中国軍各部隊は頻繁な巡回や演習によって、南シナ海では単に駐在や占領をする海域や地域だけではなく、全域での制覇を印象づけようとしている。

アメリカ政府は南シナ海での諸島に対する複数の国家の領有権主張に対し特定の国の主張を支持するような立場をとらないが、それら各国の主張や行動が国際法に合致していることは求めている。とくに関係各国は国連海洋法に反映された海洋の規則を遵守すべきである」

南シナ海での領土紛争のうち最も顕著なのは、(1)パラセル諸島（中国、台湾、ベトナムが主権を争う）(2)スカーボロ環礁（中国、台湾、フィリピンが主権を争う）(3)スプラットレー諸島（中国、台湾、ベトナム、ブルネイ、マレーシア、フィリピンが主権を争う）――である。なかでも近年、最大の関心を集めてきたのは(3)のスプラットレー諸島である。

二〇一五年九月二十五日、中国共産党総書記の習近平氏はホワイトハウスのローズガーデンでの式典で、中国はスプラットレー諸島の拠点を軍事化する意図はない、と言明した。ところが現実には中国はその諸島にいくつかの明白な軍事施設を建設したのだ。軍事能力の拠点を構築したともいえる。その軍事拠点は合計七ヵ所にものぼった。しかも中国はその軍事拠点をさらに増やし続けている。

ハリス司令官はそのうえで中国が南シナ海でベトナムやフィリピンが領有権を主張するスプラットトレー、パラセル両諸島の占拠を不当だと断じ、国際仲裁裁判所の決定の無視を無法だと非難した。さらに米海軍が南シナ海で実行する「航行の自由作戦」への中国の反発も根拠がないと言明した。

さらにハリス司令官の報告の紹介を続けよう。

「スプラットトレー諸島の中国の拠点にはいま現在は軍用機も、防空ミサイル発射装置も、対艦ミサイル発射システムも、配備されてはいない。唯一、配備された兵器は短距離対空防衛用システムだけである。

だが、中国は同諸島に高度の軍事能力を即時に稼働できる大規模な軍事インフラを構築した。米側としては、中国が将来のある時点においてこれらの軍事用施設を明確に規定された目的のために必ず使うだろう、と認識すべきだ。

中国は同じような施設をスプラットトレー諸島の他の主要な拠点、つまりファイアリークロス礁、ミスチーフ礁、スビ礁の三ヵ所に建築した。それらの施設とは、ほぼすべての軍用航空機を発進、着陸させられる長さ約三千メートルの滑走路、戦闘機格納庫、爆撃機や空中早期警戒システム機（ＡＷＡＣＳ）、輸送機などを含む大型機の支援が可能な大型格納庫、対空砲発射陣地、対艦発射ミサイル陣地、水や燃料の貯蔵タンク、弾薬保管施設、兵舎、通信システム、水底の深い港施設、そして軍事レーダー、などである」

中国の無法性——国際仲裁裁判所の裁定に従わない中国

ハリス司令官はそのうえで中国の無法性を正面から非難していた。

「スプラットレー諸島の中国基地は明らかに前方配備の軍事拠点である。中国軍のために建設され、中国軍部隊が駐屯し、南シナ海での中国が主権を主張する諸島全域に投入できる軍事的なパワーと能力の発揮を目的とする。

中国側はこの動きについての説明として、『アメリカの存在の拡大に対応するために余儀なくされた軍事能力の配備だ』と主張する。中国側はとくにアメリカ海軍の南シナ海での『航行の自由作戦』の実施をその理由にあげる。だがこの中国側の主張はあまりに不誠実である。

アメリカ海軍は南シナ海での航行の自由を順守する演習を平和裏に、もう何十年も実行してきた。全世界の他の海域においても同様の演習や活動を続けてきた。他方、中国はこの十年たらずの期間に南シナ海での島の埋め立てによる奪取を始めた。中国の行動の全体図や実行方法から判断すると、一方的な領土拡張という目的のために、この種の行動をとっていることは明白である。

二〇一六年七月　国連海洋法に基づく国際仲裁裁判所は南シナ海での領有権紛争に関して、中国の行動を排し、フィリピンの主張を認める裁定を下した。この裁定は中国とフィリピンの両国に対して強制的な執行の権限を有するが、中国はその裁定には従っていない。

フィリピンは国内のミンダナオでのテロとの戦いに忙殺され、中国との関係の安定を欲するために、中国に対してこの裁定の履行を強く迫ってはいない。中国側が紛争海域のスカーボロ礁でのフィリピンの漁民の操業を許していることも、フィリピン側に柔軟な態度を取らせているといえる」

ハリス司令官はそのうえで米軍による南シナ海などでの「航行の自由作戦」についても改めてその正当性を説明した。

「アメリカの航行の自由作戦は一九七九年以来、世界各地における沿岸国家の海洋領有権の主張の〝行き過ぎ〟に対して平和的に実施されてきた。その対象にはアメリカにとっての友好国も同盟国も、入っていた。その作戦実施の手順は、対象国への外交的な通告、作戦内容の事前通知に始まり、どの国に対しても挑発的ではなく、脅威を与える行為ではなかった。

このアメリカの作戦行動はグローバル規模で、開かれた海と空を保つため、そして経済繁栄を保つため、世界各国のため、アメリカのために、実行されてきたのだ。だから中国の主張には根拠がないのである。

中国は軍事力、とくに海軍力の強化によって領土や領海を拡大するという膨張政策を推進する。膨張といえば、それほど過激なひびきはないが、現実には侵略に等しい行動である。他国の主権や施政権の下にある領土や領海を海軍力を武器にして自国のものにしてしまうのだから、これほど侵略らしい侵略もないといえよう」

そのへんの中国の戦略をハリス司令官は次のように指摘していた。

中国の海洋戦力の膨張——狙いはグローバルなプレゼンス

「中国軍は南シナ海全域で空軍、海軍、海警、海洋民兵など、すべての兵力分野で強力な存在を誇示している。中国軍各部隊は頻繁な巡回や演習によって、南シナ海では単に駐在や占領をする海域や地域だけではなく、全域での制覇を印象づけようとしている。

中国軍は南シナ海では他の領有権主張国やアメリカの軍隊が活動する際には、その動きに抗議して、多様な威圧行動をとる。その威圧はときに過剰となり、他国の軍隊に対して中国側の占領地域から遠ざかることを要求したり、あるいはその活動について中国側の事前の許可を得ることを求めたりする。

中国のこの種の海軍力利用は南シナ海に限らない。中国は米側のこれまでの海洋戦略面での地域的な優位に挑む戦力の強化を果たしてきた。そうした中国を抑止するためには米側のいまの太平洋統合軍も、より破壊力の強い、より敏速で強力な兵器類を装備した艦艇や航空機を必要とする。より性能度の高い長距離の攻撃用兵器類も不可欠となった。

中国は海軍という側面だけでもアメリカに同等な対抗相手となることを目指して急浮上してきた。中国海軍のより高度の技術や、その結果としてのより多様で広範な作戦、さらには戦略ドクトリンの更新などは、単に地域的な野望ではなく、グローバルな拡張を企図していることを明白に示すようになった。中国は米軍との格差を急速に埋めているのだ。だからアメリカ側も大幅な防衛力の増強が不可欠となったのである」

海軍の進出と「一帯一路」――懸念される中国の軍事的野心との合致

中国軍はこのような新たに拡大された多様な能力を作戦化するために、とくに海軍がこれまでより多くの領域、海域で、そしてより頻繁に活動し、その機能を高めるようになった。中国海軍の海賊対処のためのアデン湾への艦艇派遣はすでに九年目を迎えた。この間、中国海軍は水上艦艇やその乗組員にとって価値の高い経験を得てきた。

中国海軍の潜水艦はここ四年の間にインド洋に正式には七回、派遣された。その他、中国海軍の種々の艦艇はヨーロッパ、アフリカ、中東、アジアなどの港を数十回にわたり、訪れた。このことは中国海軍がグローバルな海軍になったことを意味するわけではない。その存在と影響とが広がっているということなのだ。その活動の多くが中国の野心的なインフラ建設計画の「一帯一路」にも結びついている。


ハリス司令官は日本でよく話題となる「一帯一路」についても証言しており、その趣旨は警告と懸念で、日本とは対照的な反応だった。

「『一帯一路』は中国中心の貿易や経済のネットワークづくりによって、中国のグローバルな影響を拡大することを意図している。その活動の大半は台頭するパワーの行動パターンに合致している。だがそれらの行動自体の多くに加えて、中国の計画がオープンではないことが米側などの懸念の理由となっている。軍事的な野心と結びつく部分が多いからだ」

ハリス司令官はさらに中国の軍事がらみの特殊な行動について次のようなことも語っていた。

「中国は二〇一七年にジブチに基地を開設した際、その基地は単に物資輸送などの兵站の拠点だと言明していた。ところが開設の数ヵ月後には、中国海軍の海兵部隊が同基地を拠点に戦闘用の武装装甲車や火砲を使っての実弾発射の演習を数回も実施した。この事実は同基地が兵站用だけではなく、遠征軍の前方配備の軍事基地であることを証明した」

中国の不動産取得――投資に対する安全保障上の精査強化

中国側がアメリカ国内やインド太平洋地域の他の諸国内で、外国投資の名目の下に土地や建物など不動産の購入を増やしてきたことも、安全保障上の懸念を生んでいる。最近ではこの種の中国による不動産取得はアメリカや同盟諸国側の軍事基地の周辺に集中する傾向がある。その結果、アメリカの国家安全保障の目的や同盟諸国の利益が侵食される恐れがある。

アメリカでは最近、「外国投資危険調査近代化法」という法律が新たにできて、従来の連邦政府各関係省庁の代表で組織される「アメリカでの外国投資委員会」（ＣＦＩＵＳ）での調査と合わせて、中国関係組織による投資の安全保障上の精査が強化されることになった。この精査作業は軍事的な観点からの意味が大きい。中国の外国投資は単に経済的な観点だけからではなく、安全保障をも含めての実態を正しく認識し、中国側の全体としての意図を理解しておかねばならないというコンセンサスが米側官民にあるからだ。

中国関連機関による外国不動産取得の問題は、沖縄についても指摘されてきた。アメリカ議会の政策諮問機関「米中経済安保調査委員会」の調査と報告でも、中国機関が沖縄の米軍基地近くの住宅用不動産を組織的に購入していることへの懸念が述べられていた。ハリス司令官はその動きにも改めて注意を喚起した。

そしてハリス司令官は日本にとって最も気がかりな東シナ海、尖閣諸島への中国の動きについて証言した。

尖閣諸島の危機――揺るぎないアメリカの立場

「東シナ海での中国の行動では、まず第一に尖閣諸島への攻勢があげられる。尖閣諸島をめぐる日本と中国の緊迫は二〇一七年はいくらかは落ち着いてみえたが、それでもなお尖閣を原因とする日中両国の争いの解決の見通しはまったくたっていない。

日中両国がともにこの海域とその周辺に本格的な軍事力、沿岸警備力を投入するという現状は、誤った意思疎通、誤った計算から軍事面でのエスカレーションへと容易に進みうる危険な状態にある。

中国は沿岸警備隊的な中国海警の艦艇を尖閣諸島の日本側の領海や接続水域に頻繁に送りこみ、日本側のその空域での航空機による監視飛行に抗議を続けることによって、尖閣諸島に対する日本の施政権に執拗に挑戦している。

中国軍のその付近での軍事演習は尖閣諸島を標的とした軍事行動を顕著な特徴としている。その演習は尖閣諸島を物理的に占領して、その海域全体に対して海上封鎖を実施し、紛争海域を孤立させてしまうという内容をも含んでいる。

中国側は尖閣諸島の奪取という目的を明確にする手段の一つとして、各種の官営メディアを動員して、尖閣占領ための特定の軍事面での能力や活動にハイライトをあて、宣伝している。この宣伝は明らかにアメリカと日本への中国当局の意図の伝達だといえる」

これは日本にとっては重大な脅威であり、国家の危機、国難だともいえる。だがハリス司令官はアメリカの尖閣危機への対応についてもきちんと語った。

「尖閣諸島についてのアメリカの政策は明確であり、しかもまったく揺らいでいない。尖閣諸島は日本の施政権下にある。日米安保条約の第五条はアメリカが日本の施政権下にある領域の防衛に加わることを規定している。アメリカは日本の尖閣諸島の施政権を奪おうとする、いかなる一方的な行動にも反対し、そのための措置をとる、という政策である」

ハリス司令官の「中国の野望」の総括

ハリス司令官はインド太平洋での中国の膨張や野望について総括として以下の趣旨を述べた。

「アメリカは中国との間で経済のきずながあるとはいえ、私の意見では米中両国は基本的にはインド太平洋地区で影響力とコントロールとをはっきりと競いあう相手同士だ。トランプ大統領も一般教書演説で述べたように、アメリカと中国はライバルである。私自身もこの評価に完全に同意する。

私はここ数年、中国には、決してこうあってほしいという願望に基づいてではなく、あるがままに、現実的に対処すべきだと主唱してきた。言い換えるならば、アメリカの対中関係は、期待や善意に流される楽観主義ではなく、率直で冷徹な視線に基づく実利主義に基づくべきだということだ。

米側の一部の識者たちは、南シナ海や東シナ海での中国の活動を単に機会をうかがっての日和見主義の結果だとみる。だが私はそうは考えない。私は中国の活動を十分に事前に調整され、秩序だった戦略的な動きだとみる。

北京政府は近隣諸国を脅して屈従させ、自由で開かれたいまの国際秩序を崩すために、軍事力と経済力を行使しているのだ。中国は南シナ海での紛争中の海洋上の領土や空間への自国の事実上の主権を主張し、押しつけるためにこそ、戦闘力を構築し、有利な地歩を獲得しようと努めているのである。その南シナ海では中国はすでに人工的な基地を造成し、軍事化することによって、地理的、政治的な情勢を基本から変えてしまった」

ハリス司令官のこのあたりの総括の言葉は単に軍事という領域を離れて、政治や外交という要素までも含んでいた。含蓄の深い指摘なのだ。同司令官はさらに述べた。「総括」の続きである。

「アメリカは中国の自国主権の主張を一方的に広めるための強制力の行使、威嚇、脅威、あるいは武力の行使に対して断固として反対する。アメリカは伝統的に他の諸国の領有権紛争には中立を保ち、他国の主権主張にはみずからの立場をとらないのだが、中国の行動への反対は明確に表明する。この種の領有権の争いはあくまで平和的に、そして国際法に沿って、解決されるべきなのだ。

太平洋統合軍司令官としての私の目標は、中国にとっての最善の未来は現在の自由で開かれた国際秩序への平和的な協力と実体のある参加にこそあるのだ、ということを中国側に納得させることである。中国の現在にいたる経済的な奇跡も規則に基づくこの国際秩序がもたらした安定があってこそ、初めて可能となったのだ。だが中国はその秩序をいまや侵食しようとしているのである。

だから私はいまの国際秩序による共有領域を一方的に閉鎖しようとする動きは決して許容しない。アメリカは中国とも協力できるならば、協力をする。だがそうではない場合は断固として中国と対決していくのだ」

以上のようなハリス司令官の報告によってアメリカからみた中国の軍事攻勢の侵略性はあまりにも明確だといえよう。日本にとってもきわめて有益な指針でもある。

第３章

トランプ政権の読み方

イデオロギー性の濃いアメリカのあり方が問われた大統領選挙

米中関係の変動は世界を揺さぶり、もちろん日本の対外的な立ち位置をも根底から動かす。その米中関係の一方の当事者はいうまでもなくアメリカである。そのアメリカが日本にとって同盟国だという特別な意味は重視してもしきれない。中国をみるにしても、いや世界全体をみるにしても、まずアメリカのあり方を知らねばならない。

そのアメリカはいま、ドナルド・トランプ大統領という歴代の最高指導者でもきわめて〝特異〟な人物のリーダーシップの下にある。米中関係の激動にしても、トランプ政権こそがその一方の触媒となってきたのだ。だから日本にとってトランプ政権を正しく読むことは致命的な重要性を持つ。

トランプ政権とはなんなのか。そもそもドナルド・トランプとはどんな人物なのか。そのトランプ氏がなぜアメリカの大統領となったのか。

この章では時計の針を逆転させて、まずトランプ政権の基盤に光をあて、そこから同政権のいまある姿を映し出していこう。

トランプ氏は二〇一六年十一月八日のアメリカ大統領選挙で当選した。

山が動いた。しかも巨大な保守の山が。そして誰もその山が動くとは思わず、その巨大さも想像できなかった――アメリカ大統領選挙の展開はこんなふうにも評せるだろう。

私はトランプ氏の当選が決まった時点でワシントン駐在の記者としてこんなことを書いた。

ドナルド・トランプという政治経験ゼロの新人が共和党候補として全米での投票の結果、民主党の大ベテランのヒラリー・クリントン候補を打ち破ったのだ。

アメリカだけでなく全世界に衝撃波が走った。ほとんど誰もトランプ氏の勝利を予期していなかったからだ。当のアメリカの大手ニュースメディアや世論調査機関が予測を完全に外してしまった。

明らかにオバマ・クリントン両氏に象徴される過激リベラル路線に対する「アメリカ草の根レベル」での保守志向の反発が予想をはるかに越えたのだ。

肝心のトランプ氏は保守主義自体を明確にうたうことが少なかっただけに、この選挙戦でのイデオロギー色は薄いかにもみえた。だが実は八年間のオバマ統治を真っ向から否定するトランプ氏の勝利には保守主義の強烈な「本来のアメリカへの復活」の希求という要素も大きいことが明確となった。

実質、一年半にもわたった大統領選での戦いで政治経験が皆無のトランプ氏は暴言放言も多く、母体の共和党内部でも主流派をも叩いて、反発を受けてきた。

トランプ氏は政策をキメ細かく語ることも当初は少なかった。政治理念を明確に掲げることも多くはなかった。ただし公約は選挙戦の後半で体系的に発表することにはなった。

それでもなおクリントン候補との争いはともに相手の弱点や疑惑を叩くネガティブ・キャンペーンに走ってしまった。その結果、トランプ、クリントン両候補とも政策や理念の正面からの論議をほとんど欠いてしまった。

その点では二〇一六年大統領選挙はアメリカの近年の歴史でも〝最貧〟の質の大統領選となったといえよう。アメリカの大手メディアがこの「負」の部分をあおり、選挙戦をさらに低俗にした。

だからキャンペーン期間中、トランプ氏は保守主義や反リベラルというイデオロギーをはっきりと表明する人物にはみえないようにもなった。

しかし実際には今回の選挙戦はきわめて政治色やイデオロギー性の濃い、アメリカという国の〝あり方〟を問う選択の争いだった。トランプ、クリントン両陣営の対決の背後には保守、リベラルという区分で分けられる「二つのアメリカ」が広がっていたのである。

トランプ氏はその対決ではたとえ本人の言動にその反映が薄くしか出なかったとしても、まさに保守派の代表の役割を果たしていたのだった。

日米同盟の固有の〝片務性〟を指摘したトランプ大統領

この選挙でトランプ候補を支持する有権者たちは「現状への怒り」に最も強く動かされていた、と指摘された。「現状」といえば、アメリカ社会がオバマ大統領の八年にわたる統治の末に直面するようになった時点での状況だろう。

二〇一六年ごろのアメリカの政治、経済、社会、安全保障などすべての面をみて、そうなった原因はどこにあるのかと問えば、誰でもまず第一はオバマ政権の政策だと答えるだろう。オバマ氏はアメリカ国家の全権を握る最高責任者の立場に八年間もあったのだ。

年来のアメリカの国政での保守主義とリベラリズムの区分でみれば、オバマ政権は限りなくリベラル傾向にあった。

オバマ大統領が第一期では最大の精力を投入した「オバマケア」（医療保険改革）は国民皆保険の実現を目指す「大きな政府」策の集大成だった。同大統領はウォール街を敵視して、政府が民間経済をできるだけ多く管理する政策を推した。

オバマ大統領は同時に少数民族や移民難民を優遇し、社会福祉の果てしない増大を図った。高所得層には懲罰的な高い税率を課し、社会主義色のにじむ「富の再配分」を推進した。みなリベラル的政策だった。

高所得層だけでなく中低層からもオバマ政権の最下層救済を優先する施策への激しい反発が広がった。社会問題でもオバマ大統領は異端の層への寛容に徹し、男女の区別の不透明なトランスジェンダーの人たちの便所の使用に関してあえて特別の大統領命令を出すなど、超リベラルぶりを発揮した。

オバマ大統領はさらにキリスト教を公的な場では後退させ、一方、テロ対策では「イスラム」という言葉を政府各部門に使わせず、不自然なほどかばった。

こうした動きに「アメリカがアメリカでなくなる」と反発したのがトランプ氏支持となる白人中間層主体の国民たちだった。しかもキリスト教の信徒たちが多かった。アメリカ社会では白人のキリスト教徒はまだまだ多数派である。

オバマ政権が作り出す超リベラルのアメリカに反発する草の根の国民たちは自然とトランプ支持へと流れていった。トランプ氏は実際、オバマ大統領の主要な政策のすべてに反対していたからだ。「オバマケア」の撤廃宣言公約がその筆頭だった。

そうした草の根層はヒラリー・クリントン候補を明らかに同じ民主党のオバマ政治の後継者とみて、忌避《きひ》したわけだ。

対外政策関連ではトランプ氏は「アメリカ第一」、「アメリカを再び偉大に」と主張した。軍事面では「強いアメリカ」を唱え、具体的に海軍、空軍、海兵隊の増強や核戦力の強化をも主張した。イスラム過激派テロ組織への断固たる戦いをも約束した。いずれも軍事忌避、国防費削減、対決嫌いのオバマ大統領にとっての正反対のアンチテーゼだった。

トランプ氏が環太平洋パートナーシップ（ＴＰＰ）や北米自由貿易協定（ＮＡＦＴＡ）に反対した点だけは、保守主義に背をむけたかにみえた。保守の主流派は年来、自由貿易を主唱してきたからだ。だがこの点も反オバマという基本姿勢の一環とみれば説明がつく。

要するに、トランプ氏はオバマ大統領の政策にはなにからなにまで反対だったのだ。オバマ政策のすべてを覆すことを使命とし、公約としたともいえる。日本語の古い表現を使えば、オバマ大統領の政策がずらりと並んだ「ちゃぶ台をひっくり返す」というふうだったのだ。

こうした反オバマ潮流、そしてオバマ政権の延長と認識されたヒラリー・クリントン候補への批判はクリントン氏が独自に抱えたメール不正使用事件やクリントン財団資金疑惑によって増幅され、草の根の反リベラルの山をトランプ氏の方向に向かって大きく動かしたのだといえよう。

トランプ氏はアメリカが世界全体の安全を守る「警察官」にはならないと述べ、同盟相手の北大西洋条約機構（ＮＡＴＯ）加盟諸国により多くの防衛負担を求めることを公約した。日本や韓国に対しても現在の防衛寄与は少なすぎると批判した。

こうした言動は「アメリカ第一」のスローガンと合わせると、アメリカの国際関与の縮小や孤立主義への歩みをも思わせる。だがその一方でトランプ氏はアメリカが軍事力を強化して、海外での自国の基本的な利益が脅かされる場合にはためらわずに軍事介入をするとも語った。「選別的な軍事介入・関与」といえる。そのために同盟も堅持するというわけだ。

この点では選挙の投票日から一週間ほど後の二〇一六年十一月十七日のニューヨークでの安倍晋三首相との会談で合意された日米同盟重視の姿勢が当面の総括ともいえよう。

トランプ氏は選挙キャンペーン中、日本に対しても日米同盟の共同防衛努力への寄与が少なすぎるという批判を何度も声にした。日本側の防衛経費負担の不十分さを非難した。日本側ではこの批判をすべて在日米軍経費の負担を増せという金額面だけでの要求へとくくっていた。

だがトランプ氏が二〇一五年八月に初めて日本の名をあげて防衛負担の問題を提起したときは、経費の額ではなく、日米同盟の固有の〝片務性〟を指摘していたのだ。

「アメリカが攻撃されても日本はその防衛のために何もする必要がない。だが日本が攻撃されればアメリカは全力をあげてその防衛にあたる。これはきわめて一方的な取り決めだ」

以上がトランプ氏の最初の日本非難の言葉通りの紹介である。日米同盟の一方的な不平等を指摘していたのだ。

日本はこの時点で集団的自衛権の行使を自らにまったく禁じたままだった。だから日米同盟は世界でも珍しい一方的な取り決めだったのである。いやいまも平和安保法制の法律成立で集団的自衛権の一部行使が容認されるようになったものの、その実際の行使には多数の前提条件などがつけられ、現実の相互防衛を困難にしている。

トランプ新大統領は日米同盟の堅持という文脈のなかで、日本にとってのこうした課題までを提起していたのだ。

トランプ氏は「アメリカ有権者たちとの契約」を実行に移しているだけ

実際に出発したトランプ政権の動向は全世界に衝撃を与えた。大胆な新政策をつぎつぎに打ち出したからだ。ドナルド・トランプ大統領の言動はさらに内外に波紋を広げていった。

日本もトランプ大統領の短い発言にも、小さな動作にも、一喜一憂するようになった。そして個別の新政策にはいつも意表をつかれた驚きの反応をみせた。トランプ大統領といえば、その政策も予測が不可能というような認識が日本では広がっていった。二〇一七年三月ごろの状況である。

ところが日本側での「予測不可能」という受けとめ方は現実とは異なっていた。

トランプ大統領の新政策はすべてすでに発表ずみのアメリカ国民への具体的な公約をきちんと順番に実行に移しているだけだったのだ。奇妙なほどの〝言行一致〟なのだともいえる。

その状況は大統領就任から一年半ほどもたった二〇一八年六月においても変わりはない。

トランプ氏の言行一致の秘密は、同氏が選挙戦の終盤で公表した「アメリカ有権者たちとの契約」という声明にある。もし自分が大統領になれば、就任の当日、あるいは百日以内にこういうことを実行すると約束したリストなのだ。その内容を知っていれば、トランプ大統領の施策には驚きはほとんどない。すべてそのシナリオ通りだからだ。

この「アメリカ有権者たちとの契約」の言明は日本のニュースメディアではほとんど報道されていなかったようだ。ここでその全容を紹介しよう。その内容を知れば、トランプ政権の動きがよくわかってくる。「トランプ政権の新政策の読み方」だともいえよう。

トランプ氏はこの「アメリカ有権者たちとの契約」を二〇一六年十月二十二日に発表した。ペンシルベニア州ゲティスバーグでの演説だった。

ゲティスバーグといえば、一八六三年、アメリカの南北戦争における最終の大戦闘の舞台だった。さらにその後まもなく、勝った北軍のエイブラハム・リンカーン大統領が有名な演説をした場所でもある。そのゲティスバーグ演説は「人民の、人民による、人民のための政治」をうたっていた。

トランプ氏はリンカーンと同じ共和党の大統領候補としてその歴史にちなんだようなのだ。その地での演説は最初で最大の政策表明演説となった。十月二十二日といえば、選挙の投票の十一月八日まで残りわずか十六日だった。

トランプ氏自身としては独自の陣営の世論調査などにより、自分が本当にアメリカ合衆国の大統領になりそうなことをすでに知っていた気配もある。演説の内容はそんな自信を感じさせるほどぎっしりとした政策が具体的に盛りこまれていたのだった。

トランプ候補はこの演説で冒頭まず次のように述べた。

「私はいまアメリカ国民のみなさんに対し、破綻した政治の混乱を乗り越えて、いつもアメリカ国民性の中心部分である偉大な信念と楽観とを抱きしめることを要請します。大きな夢を抱いてほしいのです」

「これから明らかにするのは私の『アメリカを再び偉大にする』という百日間の行動計画です。ドナルド・トランプとアメリカの有権者との契約であり、正直さ、責任、そしてワシントンの変革から始まります」

そしてトランプ氏は大統領としての具体的な政策をいくつかのカテゴリーに分けて、言明し始めたのだ。

「だからこそ、大統領就任の第一日目、私の政権はワシントンDCの腐敗と特権の癒着を浄化するために次の六つの措置を即時にとります」

トランプ氏があげたのは以下の六措置だった。

(1)連邦議会のすべてのメンバーの任期を制限するための憲法修正案の提案

(2)軍事、公共安全、公衆衛生を除くすべての連邦職員を自然減のままで減らすための新規採用の凍結
(3)連邦政府の新規制一つを作る際には、必ず既存の規制二つを撤廃することを義務づける
(4)ホワイトハウスや議会のメンバーが退官後、ロビイストになることの五年間の禁止令発令
(5)ホワイトハウスの職員が退官後に外国政府ロビイストになることの終身禁止
(6)外国ロビイストがアメリカの選挙に資金を提供することへの完全な禁止令

格調高かったゲティスバーグにおける演説

トランプ氏はさらに言明した。

「同じ第一日目に私はアメリカの労働者を守るための以下の七つの行動をとることを始めます」

そして彼は次の七項目の行動をあげたのである。
(1)北米自由貿易協定（NAFTA）の再交渉、あるいは撤退の意図を表明する
(2)環太平洋パートナーシップ（TPP）からの離脱を発表する
(3)中国を通貨レート不正操作国に指定することを財務長官に指令する
(4)商務長官と米通商代表に対して、アメリカ人労働者に不当な影響を及ぼすすべての外国の貿

易不正慣行を認定し、アメリカの法律と国際法によるすべての手段を用いて、それらの不正慣行を即時に終わらせることを命令する
(5)シェールオイル、石油、天然ガス、精炭を含む五十兆ドル相当もの価値ある雇用を創出するアメリカのエネルギー資源の生産に対する規制を解除する
(6)キーストーン・パイプラインのような致命的に重要なエネルギー・インフラ計画を認め、それを阻んできたオバマ・クリントン側の障害を取り除く
(7)国連の気候変動対策への数十億ドルの資金提供を止めて、その資金をアメリカの水資源や環境インフラの是正のために使う

以上が「アメリカの労働者を守るための行動」だった。

トランプ氏はさらに演説を続けた。

「さらに大統領就任の第一日目に私は安全保障と憲法上の法の統治を回復するために五つの行動をとります」

その五つが以下だった。

(1)オバマ大統領が出した違憲の大統領の執行令、覚書、指令のすべてをキャンセルする
(2)最高裁判所の故スカリア判事の後任を私がリストアップした、アメリカ憲法を支持し、守

る二十人の判事たちのうちから一人、選ぶことのプロセスを始める
(3)「聖域都市」（違法入国者の取り締まりをしないアメリカ国内の地方自治体）への連邦資金の供与をすべて停止する
(4)アメリカ国内の二百万人以上の犯罪歴のある違法入国者を国外に送り出すことを始め、それら違法入国者を自国に受け入れない諸国にはアメリカへの入国査証を出さない
(5)身元審査が適切にできないテロ傾向の強い地域からのアメリカ入国を一時停止するとともに、こんごのアメリカ入国者へのすべての身元審査は特別に厳重にする

以上が安全保障や法の統治に関する新たな行動の計画だった。

トランプ氏は最後の部分の「契約」について次のように語った。

「私は議会と協力して、以下のより広範な立法措置案を議会に提出し、私の政権の最初の百日以内にその成立を果たすために戦います」

そしてその立法上の行動としてあげたのが以下の十項目だった。つまりは十本ほどの法案を提出して、議会に可決させ、新たな法律とする、という意図の表明だった。

(1)**中間所得層の税金の負担救済と簡素化**（経済成長率を四％、雇用の創出二千五百万人分を目指す減税措置をとる）

(2)企業外国移転法の撤廃（アメリカ企業が海外移転のためにアメリカでの従業員を解雇することなどに新たに特別税をかける）

(3)アメリカのエネルギー・インフラ法の制定（こんご十年間に官民共同で合計一兆ドルのインフラ建設投資を実現する）

(4)学校自由選択・教育機会法の制定（両親に子供を通わせる学校の種類を自由に選ばせる）

(5)オバマケアの撤廃と代替法の制定（オバマ大統領の医療保険改革制度を全廃し、政府の介入の少ない制度に代える）

(6)適正子供医療保険法と高齢者医療保険法の制定（子供と高齢者の公的医療保険を税制面での優遇と組み合わせて制度化する）

(7)違法入国停止法の制定（メキシコとの間に違法入国を防ぐ壁を建設し、メキシコ政府に経費を負担させるとともに、違法入国常習者への刑罰を重くする）

(8)共同社会安全回復法の制定（麻薬や暴力の犯罪を減らすために連邦、地方の両方での捜査や検挙の活動を厳しくする）

(9)国家安全保障回復法の制定（オバマ政権時代の財政赤字削減のための国防費自動強制削減の措置を撤廃する）

(10)ワシントン腐敗浄化法の制定（国政レベルでの特別利益団体にからむ腐敗を減らす）

以上のような「契約」をトランプ候補は「選挙公約」として掲げ、当選したのだった。その公約をすべて発表した最後にトランプ氏は以下のように訴えた。

「十一月八日にはアメリカ国民のみなさんはわが経済の繁栄、共同社会での安全、政府の正直さの回復のために、この百日計画に支持の票を投じてくれるでしょう。これが私の誓いです。もし私たちがこれらの段階に沿って進めば、もう一度、人民の、人民による、人民のための政府を復帰させることができるのです」

最後はまさにリンカーン大統領のゲティスバーグ演説での宣言を模していた。トランプ氏の一般でのイメージとは異なる格調高い演説だった。だがその発表が選挙キャンペーンの期間中では遅かったため、選挙戦での論戦の主題となることはなかった。

トランプ氏はこの「アメリカ有権者との契約」を選挙に勝利した翌日の十一月九日の演説でそっくりそのまま繰り返した。

悪質で危険な日本の識者によるトランプ退陣論

さて、私はこの公約の実行の状況をトランプ大統領の就任から約二ヵ月が過ぎた二〇一七年三月中旬の時点で点検してみた。その結果、驚くほどその多くが実行されていることがわかった。

オバマケアの撤廃、メキシコとの壁の設置、ＴＰＰからの離脱、ＮＡＦＴＡの見直し、テロ懸念国家からのアメリカへの入国の一時禁止、違法入国者への取り締まり強化、インフラ建設、アメリカ企業の外国移転の抑制——少なくとも以上が実行されていた。

ものすごく厳しく、意外にさえ思える新政策がみな実はトランプ氏の大統領就任前にきわめて具体的に誓約されていたのだ。誓約に記されていたのにまだ手がつけられていない主要政策は中国の通貨レート不正操作国指定ぐらいなのだ。

この「契約」リストをみながら、トランプ大統領の新政策、新措置を追ってみると、いかにも唐突、意外、破天荒にみえるトランプ政治が実はきちんとした事前の発表に厳格に沿っていることがわかるのである。


さらに、それからちょうど一年後のトランプ政権の診断を試みてみた。とくに日本側でのトランプ政権への論評を現実の状況とくらべることを試みた。

アメリカの第四十五代大統領にドナルド・トランプ氏が就任してから、二〇一八年四月で、一年三ヵ月が過ぎた。ワシントンでみるトランプ大統領は内外の非難の嵐にさらされながらも、なお健在である。選挙キャンペーンで表明した公約を着々と実行し、さらに多くを履行する構えをみせつけている。早くも二年半後の二〇二〇年十一月の大統領選挙に挑戦して、再選を目指す態勢をも着々と固め始めた。

この目前の現実だけでも、日本側の識者とかアメリカ通とされる多くの人たちが語ってきたトランプ論とはあまりに異なる。日本のトランプ論に従えば、トランプ大統領はもうとっくにこの世から消滅していたはずだからだ。

私はこの十五ヵ月間、トランプ大統領の実像虚像をワシントンと東京の両方で眺めてきた。だからどうしても日米両首都でのトランプ評の〝差異〟に関心が向いてしまう。

日本側でのトランプ評には少なくとも三つの大きな特徴があった。

第一は、トランプ大統領が明日にでも辞めてしまうという予測だった。

第二は、トランプ大統領は公約も含め、なにも達成していないという診断だった。

第三は、トランプ支持層の存在や動向にまず光を当てないという偏向である。

これらの特徴が生み出す日本製トランプ論は米側の現実とも、認識とも、大きく離れているのだ。

まず第一の特徴から点検しよう。

日本側ではこの一年余り、トランプ大統領について「史上最低の支持率による辞任」「ロシア疑惑での弾劾による退陣」「政権人事の混乱による崩壊」といった予測が頻繁に語られてきた。

新聞、雑誌、テレビなど、大手メディアでもトランプ大統領の辞任や崩壊、弾劾の予測が繰り返し伝えられた。

「トランプ政権の終わりの始まり」というような表現で同大統領が近々に退任してしまうのだと予告する向きもいた。この種の予測はきわめて広範な分野の人たちから表明されていた。

日本にはアメリカ通、アメリカ政治に詳しい識者がこれほど数多くいたのかと、びっくりさせられるほどの予測の洪水だった。この種の誤った予測はあまりに多いのだが、具体的な実名をあげての指摘は当面、差し控えておこう。

いずれにせよ、就任からまる一年四ヵ月のこの五月の時点で、トランプ氏がホワイトハウスを去る、あるいは追い出されるような気配はまったくない。トランプ退陣のご託宣を述べてきた日本側の識者たちには、その予測のミスへの責任をとってもらいたいところだ。

トランプ大統領の資質や政策を否定的に語ることはもちろん不自然ではない。不適切でもない。日本にとっての同盟国、世界で唯一の超大国、アメリカの国家元首の状況を日本側で考え、語ることは、むしろ欠かせない作業だともいえよう。その評論が非難や糾弾となっても構いはしない。

しかし、そのアメリカの国家元首がまもなく辞任する、とか、消え去ってしまうのだと断言することは最低限にみても不見識である。なにしろそんな断定の根拠がないのだ。アメリカの政治の基本をみても、長期間の開かれた民主的な選挙で選ばれたばかりの大統領が就任して数ヵ月という時点で、辞める、辞めさせられるというメカニズムは存在しないのだ。

だが日本側ではあまりに多くの識者とされる人たちが「トランプ政権の終わり」を堂々と予測してきた。そんな予測に十分な根拠があれば、理解はできる。予測自体は必要だともいえよう。だがそれほどの根拠もなく、結果としてまちがっていることがすぐ明白となる予測は無責任である。悪質であり、危険だともいえよう。

就任後一年で六四%にも達した公約実現率

さて日本側でのトランプ論の第二の特徴をみよう。

「トランプ大統領が行政の長としてなにもしていない」、「公約を果たしていない」という批判だった。だがこの批判もいまや明確に的外れである。トランプ大統領は選挙キャンペーン中に明言した政策公約の多くを実際に履行しているからだ。この点は前述のとおりである。

日本側で彼の公約に賛成するのも、反対するのも、自由である。アメリカ国内でもトランプ公約には反対も多い。だが公約を実行していないと断ずるのは現実に反している。

トランプ大統領の公約実現の、わかりやすい主要例は二〇一七年十二月に法律として完成させた税制改革だといえよう。法人税率を三五%から二一%にまで削減するほか、個人所得税も幅広く下げるという画期的な内容である。

トランプ大統領はそのほかにも主要な公約としていた以下の諸政策を実行した。二〇一七年三月の時点での公約実行分についてはすでに述べたが、改めて重複を承知のうえで書いてみよう。

「環太平洋パートナーシップ（TPP）からの離脱」
「最高裁判事への保守派法律家の任命」
「イスラム系テロ組織『イスラム国（IS)』の撲滅」
「北米自由貿易協定（NAFTA）の見直し」
「アラスカからの石油パイプライン禁止などの経済関連規制緩和」
「インフラ建設公共事業の拡大」
「地球温暖化防止のパリ協定からの離脱」
「エルサレムをイスラエルの首都として宣言」

ごくわかりやすい実例をざっとあげただけでも、以上である。そのほかに最近では中国製品に対する高関税の課徴、米韓自由貿易協定の改定なども公約の実現だった。

トランプ大統領の公約全体の実現率は保守系の研究機関「ヘリテージ財団」の調査によると、就任からのちょうど一年で六四％という数字が発表された。過半数は軽く超えたという判定だった。だから日本での「公約を実現していない」という批判は的外れだと評さざるをえない。

米経済の好調をトランプ政権の成果と報じない日本の主要メディア

日本のトランプ論の第三の特徴をみよう。

トランプ支持層の動き、さらにはその支持層が歓迎するトランプ政策をほぼ無視するという特徴である。

アメリカ国内の世論調査では確かにトランプ大統領への支持率は低い。日本の主要メディアがよく引用する最近の三七%というような数字は歴代大統領のなかでも最低水準である。ただしその世論調査でもアメリカの反トランプ系の主要メディアが強調するのはリベラル系背景の調査機関が出した数字がほとんどである。

二〇一六年の大統領選挙全体を通じて各候補への支持率世論調査で結果として最も正確だったラスムセン社はトランプ大統領就任一年という時点で同大統領への全米レベルでの支持率は四六%だと発表した。この数字はオバマ前大統領の同じ時期の支持率とほぼ同じだった。だがこの数字は日本のメディアでは私の知る限り、まったく報道されなかった。

さらにこの二〇一八年四月冒頭、トランプ叩きで知られるCNNテレビの世論調査ではトランプ大統領への支持率が四二%だと発表された。この数字は二〇一七年の四月以来の最高だという。

しかもこの調査はトランプ大統領が人事の混乱やロシア疑惑などで苦境に追い込まれているとされた二〇一八年三月下旬に実施されたのだ。これまた日本では報じられない数字である。

前述のラスムセン社の世論調査は就任から一年という時点でトランプ大統領への支持率は民主党員の間では約一〇％、共和党員の間では約八〇％だとも発表していた。トランプ大統領への支持はその本来の支持層では一貫して固く、しかも就任一年でもむしろ上昇の傾向にあるというわけである。これまた日本のメディアが報じないトランプ政権の一面なのだ。

日本でのトランプ報道とアメリカの実態と、大きなギャップをどうしても感じさせられる。

トランプ政権の支持層がとくに熱烈に歓迎しているのはその経済政策である。いまのアメリカの経済が大幅に好調となったことは否定のしようがない。ニューヨーク株式市場では連日のように新記録の最高値が更新される。一般国民が最も気にする雇用もここ三十年ほどでの最高記録を達成し、失業率は史上でも珍しいほどの低さを示した。

アメリカのメディアはこの経済状況をかなり細かく、広く報道している。トランプ大統領の政策の成果だと認めているメディアも少なくない。だが日本の主要メディアではこのトランプ政権下のアメリカ経済好調のニュースは少ない。好調のデータを伝えても、それをトランプ政権の政策の成果だとする論評はほとんど目につかない。

さて以上のような日本のトランプ論の三つの特徴はやはり欠陥と呼ぶべきだろう。現実とは異なる構図を描いていることは否定できないのだ。

実質的に達成されたオバマケアの撤廃

日本のトランプ論とアメリカの実態との違いを説明するために、ワシントンで私が取材してきたトランプ政権の動きについて、もう少し詳しく伝えよう。

オバマケア（医療保険改革案）の撤廃もトランプ氏の主要公約だった。日本側ではこの公約の達成にはトランプ大統領は失敗した、という見解が多い。だがアメリカのなかではそうでもないのである。

オバマケアを公式に否定する代案はトランプ政権下の連邦議会下院では可決された。だが上院がまだである。しかしオバマケアの核心部分はトランプ政権が通した税制改革法のなかで明確に〝破棄〟されていた。

その核心とは「すべてのアメリカ国民は最低限一つの医療保険に加盟する」という義務づけだった。

トランプ大統領の税制改革法はこの義務づけを廃止する条項を盛り込んでいた。だから、もう公約の「オバマケアの撤廃」もここで達成されたというわけだ。控えめにみても、「トランプ大統領はオバマケアの撤廃には失敗した」という断定は説得力に欠けることになる。

そのほかにも目につきにくいが、重要度が高いとされるトランプ公約の履行もある。

たとえばオバマ政権時代は予算管理法の規定で財政赤字が一定以上に増すと、自動的に予算が削減され、その大部分は国防予算が対象だった。

だがトランプ大統領はこの削減メカニズムの「セクイストレーション（予算執行強制停止）」を廃止してしまった。公約の「力による平和」「軍事力の強化」政策の一環だった。そして国防予算を前年比一〇％以上も増すという大胆な措置をとったのだ。

オバマ政権時代には違法入国者を保護するために地方自治体が「聖域都市（サンクチュアリー・シティー）」を宣言して、その域内での入国管理法違反取り締まりを停止するという特別な制度が広がっていた。

トランプ大統領は公約でこの制度への反対を表明して、聖域都市を宣言した市や町には連邦政府補助金を出さないという方針を掲げた。この方針もだいたい履行されつつある。

二〇一八年一月にアメリカで出版されたトランプ政権批判の暴露本『炎と怒り』の評価をめぐっても日本側の報道は過剰反応だった。著者はこの種の暴露本を以前にも手がけてきたフリーのジャーナリストのマイケル・ウルフ氏である。

同書は最初からトランプ氏を無教養で衝動的な軽量級の人物だと断じて、「アメリカの政治にも外交にも無知で、そのひどさは側近に衝撃を与えた」という式の記述に満ちていた。

全米各地でかなりの売れ行きをみせ、日本でも翻訳版が出た。アメリカの反トランプ側のメディアも、それを受けた日本のメディアや識者も、「この本の出版でトランプ政権はついに崩壊へと向かう」という予測を打ち上げた。とくに日本側ではこの書が「トランプ政権の終わりを告げた」とまで断じる論評が目立った。

ところが、それから何ヵ月も過ぎても、この『炎と怒り』によるトランプ政権への悪影響というのはツユほどもうかがわれなかった。トランプ氏の大統領の座を揺るがすような効果は皆無なのだ。この本でトランプ政権が倒れるかのような予測は単に反トランプ勢力の願望だったかに、いまではみえるのである。

オバマ氏などこれまでの他の大統領に対してもこの種の暴露本は何冊も出てきた。だが一般の大きな話題とはなっても、本自体が大統領の地位に影響を及ぼすことは皆無に近いのである。

トランプ大統領は同じ二〇一八年一月に、中南米の開発途上国を指して、「shithole（直訳では『クソの穴』だが、一般に不潔な場所などを指す）」という侮蔑的な言葉を使ったとも報じられた。同大統領自身はこの報道を否定した。

だがアメリカの主要メディアの多くが大事件のように伝え、日本のメディアもそれを大幅に拡大する形で後を追った。「大統領はこれで苦しい立場に追い込まれる」という調子だった。

反トランプ派にとっては大統領の不適格を示す格好の実例として大々的に拡散したい情報だろう。だがトランプ支持派や中立派は単なる揚げ足取り程度とするクールな見方をとった。

実際に主要メディアでも反トランプではないウォールストリート・ジャーナルやＦＯＸテレビは大騒ぎはせず、逆にこの次元の言葉の使い方を政治問題とする側の意図に批判的な光を当てていた。結果としてトランプ大統領がこの発言で苦しい立場に追い込まれることはなかった。

要するに、トランプ政権の動向については日本では否定的な側面だけに光をあてる傾向が顕著なのだ。トランプ政権の前向きな、肯定的な報道はアメリカよりずっと少ないのである。

民主党に傾斜する米主要メディアとトランプ陣営との闘いは続く

この現象はいったいなぜなのか？

まず明らかなのは、日本の主要メディアがアメリカ側の民主党支持、反トランプの大手メディアのネガティブ報道ばかりを転電していることだろう。ちなみに朝日新聞はニューヨーク・タイムズと、読売新聞はワシントン・ポストと記事使用の協定を結んでいる。

アメリカのこの二大新聞は年来の民主党支持である。トランプ氏に対しては選挙中からきわめてカーブのついた批判的な報道や論評に徹してきた。とくにワシントン・ポストは最近、社主がアマゾン創設者のジェフ・ベゾス氏になってから反保守傾向、反トランプ志向をさらに激しくしてきた。

テレビでも三大ネットワークのCBS、NBC、ABCはみな民主党傾斜である。ケーブルテレビでは日本でもなじみの深いCNNが過激といえるトランプ叩きキャンペーンを展開している。日本の在米特派員もメディアの本社も、どうしても年来のなじみのある、これら民主党系メディアの基調に影響されるのだろう。

トランプ大統領は周知のように、民主党びいきの主要メディアに選挙中から戦いを挑んだ。民主党支持のメディアを「アメリカ国民の敵」とまで呼び、その報道を「フェイク・ニュース」と断じた。メディア側も選挙で負けた結末を選挙ではない方法ででも覆そうと必死でトランプ政権を叩き続けてきた。

いまアメリカの国政の場での政権と主要メディアの関係はまさに政治的な闘争であり、対決なのである。その戦いの一方の敵のメディア側から発せられる「ニュース」にはどうみても強いバイアスがかかることが多い。

日本ではいわゆる識者も、そして主要メディアも、ほとんどがこの反トランプ陣営のアメリカメディアからの情報に依存しているようだ。あるいはアメリカの主要メディアに登場する反トランプ側の専門家や学者の見解への過剰な依存ともいえよう。

このゆがんだ構図への日本側としての適切な対応法はアメリカの反トランプではないメディアの報道や評論にも注意を払うことである。だが、米側メディア全体ではどうしても保守系や中立系よりも民主党リベラル系の反トランプのメディアのほうがずっと数が多い。だから日本側のメディアや識者の情報源はやはり反トランプ側に偏ってしまうのだろう。

アメリカにおいて反トランプ傾向のないメディアも、識者も健在である。たとえば、大手紙のウォールストリート・ジャーナル、テレビでは有線ニュースで視聴率の高いFOXなどである。FOXとCNNとでは同じトランプ政権の政策一つを報じるうえでも、白と黒ほどの違いがある。

もっとも日本側のいわゆる識者にはもともと左傾やリベラル派の人が多い。大衆主義的な保守志向のトランプ氏には最初から抵抗があるようだ。その結果、とにかくトランプ嫌いを発揮して、大統領をけなすことに終始するという感じなのだ。

そうした日本側の識者たちはトランプ大統領に対して「愚か」「非常識」「無知」「人種差別」と、激しいこきおろしの言葉をも浴びせてきた。実はこの種のトランプ叩きの言辞はワシントトンでもそれほど珍しくはない。トランプ氏自身の奇抜な資質や乱暴な言動、そして国政や外交での未経験に原因があることも当然である。だがこうしたトランプ批判とトランプ大統領の退任予測とはまったく異なる次元の課題なのだ。

アメリカでも反トランプ勢力はこの一年余り、トランプ氏個人の資質や資格に焦点をしぼり、猛攻撃をかけてきた。要するに「バカだ」「教養がない」「認知症だ」というような攻撃である。トランプ大統領側もこれに対し正面から反論し、反撃してきた。その結果として本来は主要政治課題を論じる国政の場でも、「stupid（バカ）」などという言葉が頻繁に登場しての醜い争いが続いてきた。

だが、繰り返すが、それでもトランプ氏の大統領の座は揺らがないのである。

興味深いことにアメリカの反トランプ勢力の間でもここにきて、トランプ氏を単にバカと呼んで非難し続ける傾向への反対意見が出てきた。東部の民主党の牙城バーモント州の同党長老政治家ジェーソン・ローバー氏が地元新聞への寄稿で民主党の同志たちに対して次のような警告を発したのだ。

「トランプ氏をバカと呼んで切り捨てる態度は気分がよいかもしれないが、不毛であり、政治的効果も少なく、結局はトランプ氏を利して、笑わせることになる」

この論文は全米レベルでも波紋を広げた。ウォールストリート・ジャーナルの政治コラムニストのウィリアム・マクガーン氏も同紙への「ドナルド・トランプの『バカさ』とは」と題する最新の寄稿で、このローバー氏の警告を紹介していた。そのうえで民主党系の反トランプの識者たちに対して以下のように挑戦していた。

「二〇一六年の選挙中からトランプ氏をバカだと一貫して断じてきた人たちの間でトランプ氏の大統領当選や経済政策の成功を正確に予測した人がいたら手をあげてみよ」

トランプ氏をバカ扱いして叩く側への「おごるなかれ」という警告だともいえるだろう。日本のトランプ叩きの方々にも呈したい言葉である。

第4章

トランプ外交政策とは

アメリカの利害関係を最優先する姿勢

トランプ大統領は就任から一年半ほどが過ぎた二〇一八年なかばとなっても、対外的にダイナミックな動きを取り続けている。

中国への強い姿勢、そしていうまでもなく北朝鮮の核武装を阻むための強固な攻勢、さらにはイランの核兵器開発への動きに対してもオバマ政権が結んだイラン核合意から離脱するにいたった。中東問題ではイスラエルへの確固たる支持を表明する「エルサレムの首都認定」も国際的に衝撃波を広げた。

トランプ大統領が対外的に孤立主義ではないことは、こうした動きをみても明白である。この一連の言動からはアメリカが対外的、国際的に存在感を強める構図が浮かんでくる。「アメリカが国際的に影響力を失い、衰退する」という一部の指摘とはまるで異なる状態なのである。むしろトランプ政権下のアメリカは国内経済が好調を続け、国際的にも軍事パワーを強めることで、その影響力を増している。トランプ氏の選挙公約の「強いアメリカ」「偉大なアメリカ」の実現とさえ思えてくる。「アメリカ第一」を唱えることで内向き姿勢にみえる部分がある一方、要所要所ではアメリカの外部世界に向かっての力や存在をまちがいなく強めているともいえる。

こうしたトランプ政権の外交の基盤となる特徴とはなんなのだろう。トランプ氏自身はどんな世界観を抱き、どんな対外戦略を持っているのだろうか。

　トランプ氏の外交政策を選挙キャンペーン時代にまでさかのぼって、総合的に検証してみたい。


　大統領候補としてのトランプ氏は二〇一六年四月二十七日、ワシントン市内のホテルで初めての外交政策演説をした。この時期はまだ大統領選挙の予備選の段階だった。この段階ではトランプ氏に対しては「体系的な政策が不明のままだ」という批判が多かった。したがって、この外交政策演説もたぶんにそんな批判に応えてという感じが強かった。

　演説の内容の骨子をまず報告しよう。

　トランプ氏は最初に外交政策全体の最重要点として「アメリカ第一」という標語を強調した。とにかく、アメリカ自体の利害関係をまず優先する姿勢である。

　その概念としてはオバマ大統領の好きな「国際協調」や「多国主義」へのアンチテーゼ、つまり反対ということだろう。そのうえでトランプ氏はオバマ外交を「ビジョンがなく、目的も方向もなく、戦略もない」と断じた。そして以下の五点をオバマ外交の弱点としてあげるのだった。

(1)アメリカの資源の無駄使い

オバマ大統領はアメリカの軍事と経済を弱体化した。他国の国づくりを唱える間にアメリカ自身の国力をすっかり骨抜きにしてしまった。

(2)アメリカの同盟諸国の負担不足

北大西洋条約機構（ＮＡＴＯ）の加盟国二十九のうち公約である国内総生産（ＧＤＰ）の二％以上を防衛費にあてている国は四ヵ国だけにすぎない。こうした不公正を正す。

(3)同盟諸国のアメリカへの不信

オバマ大統領の「友を嫌い、敵を好く」態度が年来のアメリカの同盟諸国の間に対米不信を増した。

(4)アメリカの競合相手がアメリカを畏敬しない

ロシアや中国や北朝鮮までもがアメリカをもはや恐れず、敬意をも表さない。とくに中国のアメリカへの敵対的行動が増しているが、アメリカは対抗措置をとらない。

(5)アメリカの外交政策の明確な目標喪失

オバマ政権はリビアの独裁政権を倒した後に、進出した民主主義勢力の崩壊を黙視した。イラクやシリアでもテロ組織ＩＳ（イスラム国）の跳梁を座視した。

トランプ氏の以上のようなオバマ政権批判はオバマ外交の全面否定ともいえよう。その否定に次ぐ否定からトランプ氏自身の対外姿勢が輪郭を表してくる。

そしてトランプ氏は自らの外交政策目標として次の三点をあげたのだった。

(1)イスラム過激派の勢力拡大の阻止

この目標の実現には単にアメリカだけでなく、全世界の努力が必要だとする。アメリカは軍事力の行使もためらわないが、哲学的な闘争をも必要とする。

(2)アメリカ自身の軍事力と経済力の再強化

中国もロシアも軍備を強化して国威を発揚するから、アメリカも軍備縮小を逆転させ、世界最強の立場を確実にする。経済面でもアメリカを偉大にする。

(3)アメリカの国益に基づく外交政策の確立

まやかしのグローバリズムに流されず、国民国家こそが国民の幸福や調和の真の基礎となる。国際連帯もそれ自体には価値がない。

トランプ氏は以上のような要点を訴えるとともに、以下の項目を誓約として掲げていた。

「アメリカの国益の擁護のためには軍事力も断固として使う」

「民主主義など欧米の基本的価値観を広める」

「NATOとアジアの同盟諸国とそれぞれ協議して、共同防衛の経費の負担のあり方を論じ、共通の脅威への対処を考える」

アメリカの代表的識者の反応

このトランプ外交演説をアメリカ各界の識者たちはどうみたのか。

アメリカ各界といえば、もちろんきわめて多岐で広範にわたる層である。多様な政治理念の人物たちが同じ意見を述べるはずはない。ここでは代表的な三人の識者の反応を紹介しておこう。

ただしあくまでもこれはトランプ氏がまだ共和党の指名候補にもなっていない大統領選の初期の段階の話である。

第一は共和党系保守派の大物政治評論家チャールズ・クラウトハマー氏の意見である。ちなみに同氏は二〇一八年六月に病死した。

「トランプ氏はこの外交演説で自分自身を終始一貫した真剣な政治家、そして大統領にふさわしいリーダーとして提示したかったのだろう。この狙いはある程度は成功したといえる。その演説の主眼はアメリカ・ファースト（第一）という標語に集約されていた。その背後にはトランプ氏自身の誇りあるナショナリズムが横たわっている。

そのナショナリズムと一体となっているのは、外部の諸国や諸国民はアメリカ国民の血や資源を犠牲にしてまで介入する対象としては十分な価値がない、とする孤立主義だ。だがその孤立主義志向も同盟国側の対米不信の除去やイランの封じ込めを唱えるとなると、矛盾が露呈する。いずれも対外的に関与しなければ達成できない目標だからだ」

第二は民主党系リベラル派の外交ジャーナリストのファリード・ザカリア氏の意見である。

「今回のトランプ演説はメキシコとの国境の壁の建設とかイスラム教徒の入国禁止という実行不可能な措置を提示していなかった点では改善あるいは前進だといえる。とはいえ、矛盾の目立つ演説だった。軍事増強を唱える一方で、政府財政の抑制を主張する。人道的な理由での海外への米軍投入には反対を言明しながらも、イスラム教徒に弾圧されるキリスト教徒の海外での救済には熱心な態度をみせる。

だが全体としてトランプ氏の外交政策はできるだけ外国への関与を避ける孤立主義の傾向をちらつかせる。しかも大衆迎合のポピュリズム的な外交政策だといえる」

第三にはほぼ中立の立場としてタフツ大学の外交問題専門家、ダニエル・ドレズナー教授の意見を紹介しよう。

「トランプ氏のこの外交演説はオバマ政権の外交の欠点を大きく取り上げ、その激しい非難を細かく表明しているが、そこには非難ばかりが多く、代替案がほとんど入っていない。トランプ氏の基本的思考はアメリカが一国だけ強大で、対抗できる勢力がいないときにこそ世界は最も平和で安定した状態になるという信念だと思う。アメリカの覇権による平和の維持ということだろう。この状態はアメリカによる対外関与や対外介入を必ずしも意味しない。

中東で続く混乱に対し、アメリカによる軍事介入での治安維持には反対しながら、同時に中東でのアメリカ的な民主主義の拡大にはアメリカがもっと大幅に関与すべきだと唱える。トランプ氏の外交戦略の基本はなんとなく孤立主義をにじませながら、なお論理や一貫性に欠けるアメリカの国威発揚の勧めにみえる」


大統領選候補としてのトランプ氏の外交演説はこのような入り混じった賛否の声を引き起こしていたのだ。その外交政策の内容にはたしかに矛盾や背反もあったが、後にトランプ氏が大統領の座に就いてからの実際の政策の特徴のいくつかはすでにそこにうかがうことができた。

支持率は高くないが支持基盤は強固という現実

ここではさらにトランプ氏がアメリカの第四十五代大統領に就任してからの外交政策を眺めてみよう。

トランプ大統領の就任当初、とくに日本側では孤立主義への懸念が表明された。アメリカ優先、アメリカ第一主義の強調や、グローバリズムへの反発が顕著だったことが主因だろう。だがその後のトランプ大統領はアメリカの国益の主張という規範の下で、対外的な言動をも活発にしていった。

トランプ政権は中国の軍事や経済での略奪性をにじませる攻勢には強固に立ちふさがった。北朝鮮の核武装への前進には軍事手段の行使にまで言及して、全力でその阻止にあたる構えを強めた。

トランプ政権はさらに中東では「イスラム国」打倒作戦だけでなく、シリア内戦でアサド政権が化学兵器を自国民に使用したことへの制裁として巡航ミサイル五十九発をシリア軍基地へ撃ちこんだ。

一方、トランプ政権は日本やイギリス、イスラエルなど従来の同盟諸国とのきずなを強くする姿勢を明確にした。北大西洋条約機構（ＮＡＴＯ）の同盟諸国にも防衛負担の増大を求めながらも、相互防衛の誓約は再強調する。

トランプ政権のこうした対外姿勢は孤立主義とはほど遠い。国際関与はまだまだ活発なのだ。ただしその方法については、あくまでアメリカの国家や国民が他の国家や国際機関に単に利用されることを避け、自国の利益に資するという原則を重視するというわけだ。こうした態度は前述のように「選別的な対外関与」とも呼ぶことができる。

トランプ政権が北朝鮮への姿勢にもみられるように、対外的にこうして断固たる言動をとれるのも、アメリカ国内での支持基盤が強固だとする認識に由来するともいえる。

トランプ政権に対する民主党系や無党派層の反対や非難は決して衰えてはいない。政権登場から一年ほどが過ぎた時点でも、同政権に対するアメリカ国民一般の支持率はおおよそ四〇％程度、世論調査の一部では三〇％台後半も珍しくない。歴代の大統領への支持率にくらべれば低い。だが、トランプ大統領を支持する層のその支持が堅固なのだ。

アメリカ全般に共和党や保守派の人気が民主党やリベラル派のそれを上回ることも指摘される。トランプ大統領にとって順風なのである。国政選挙でもトランプ政権の登場後、当初は共和党側が連勝した。

連邦議会下院の特別選挙や補欠選挙は同政権の誕生後、半年ほどの間に合計四州で実施された。ジョージア州、モンタナ州、カンザス州、サウスカロライナ州だった。そのすべてで共和党候補が民主党候補を破ったのだ。いうまでもなく共和党はトランプ大統領を支持する与党である。その後に他の州の連邦議員選挙で共和党側が負けるケースもちらほら出たが、全体として共和党優勢という状況が続いた。

トランプ政権下のアメリカ経済の好転も顕著なのだが、主要メディアによって報じられることは決して多くない。国内総生産（ＧＤＰ）の成長率はトランプ政権下での二〇一七年第二４

半期には三・一％の伸びを記録した。オバマ政権時代にくらべると大幅な上昇だった。

失業率は二〇一七年九月には四・二％と、オバマ政権時代の半分以下、十六年ぶりの低さとなった。トランプ大統領は「私が就任してから約百万人分の新たな雇用が生まれた」と豪語するのも誇張ばかりではない。

ニューヨーク株式市場もトランプ政権になって株価の上昇を示し、二〇一八年に入っても連日のように記録破りの最高値をみせた。

だがアメリカの主要メディアは「トランプ政権になって経済はよくなった」と素直に報道することには、なお難色を示しがちのようなのだ。

だがトランプ大統領にとってはこうしたアメリカ国内の活力の状況が対外的にも強い態度をとらせるのだといえよう。

「原則に基づく現実主義」という外交キーワード

では、トランプ大統領の外交政策の基本理念とはなんなのだろうか。

その特徴を知るにはトランプ大統領の二〇一七年九月の国連総会演説が有力な指針となる。

日本人拉致事件にも触れて北朝鮮に拉致されたままの横田めぐみさんにも「優しい十三歳の日本人少女」と言及した、あの演説である。

トランプ大統領はこの国連演説で新しい政策用語として「原則に基づく現実主義」(principled realism）という言葉を打ち出した。アメリカが自国をどう治め、世界に対してどうのぞむか、を示す基本理念だった。その骨子は次のようだった。

・アメリカ大統領は常にアメリカの国家と国民の利益を最優先する。すべての国は主権を保ち、その主権を持つ国民国家こそが人類の向上の優先の担い手となるべきだ。
・だが諸国民の安全で平和な将来のためには各国が緊密な調和の下で協力せねばならない。ただしアメリカは、その国際協力ではこれまでのように単に利用されることは避ける。
・アメリカは世界各国、とくに同盟諸国への友好を保つ。世界各国はみな主権を有し、平和と安全を保ち、国家として国民として自由でなければならない。
・私たちは調和と友好を求め、衝突や闘争を求めない。イデオロギーではなく結果を指針とする。これが共通の目標、利害、価値観に立つ「原則に基づく現実主義」の政策だ。
・アメリカはこの世界で国家の主権、自由、法の統治などを侵犯する勢力には断固として対決する。南シナ海でもウクライナでも主権を犯す脅威は排除する。

トランプ大統領はアメリカの対外政策として以上のようなことを述べたのだ。他国の主権、諸国民の自由、国際的な法の統治などを侵そうとする勢力に関連して「南シナ海でもウクライナでも」と述べるのは明らかに中国とロシアを念頭においての非難であり、対決の意図だった。

だからキーワードとしての「原則に基づく現実主義」というのは、各国の主権と自主性、自由や法の統治という共通の価値観を守るべき原則としてまず位置づける、ということだろう。そのうえでそれら原則を保持し、防衛するための言動は「イデオロギーではなく結果を指針とする」という方法が現実主義だというわけだ。

日本の識者たちが「トランプ外交」をいかにも粗雑で空疎な中身のように描くのとはあまりに対照的な内容なのである。

トランプ大統領はこの国連演説で以上のような基本政策を述べたうえで、この政策に反する無法国家群として北朝鮮、イラン、ベネズエラなどをあげて、激しい言葉で糾弾していた。それらの勢力の悪影響を抑え、なくすためには軍事力の行使も辞さない対決姿勢をとることをも語っていた。

北朝鮮を脅威とみなした米国民八三%

実際にトランプ大統領がこの二〇一七年九月十九日の国連総会演説で最も熱をこめて語ったのは北朝鮮への非難だった。

「北朝鮮は無法国家、犯罪国家であり、ロケットマン（金正恩朝鮮労働党委員長）は自殺的な挑発を続けている」

「北朝鮮は核兵器と弾道ミサイルの開発で想像のできないほどの人命損失の脅威を全世界に与えている」

「アメリカは自国や同盟国の防衛には北朝鮮を完全に破壊するしか選択肢がなくなるかもしれない」

トランプ大統領は各国首脳が並ぶ国連総会演説でこんな強硬なことを述べたのだ。トランプ政権の対外政策全体のなかでも、この時点では北朝鮮にどう対処するかが最も切迫した中心課題になっていたことの証左だった。

トランプ大統領は政権発足時から北朝鮮に対しては強硬きわまるレトリック（言辞）の言明をぶつけてきた。「北朝鮮はアメリカによる炎と怒りに直面する」などと軍事攻撃を示唆することなど、頻繁だった。北朝鮮への多様な対策について語るとき、必ず「軍事的オプションも含めて」と強調してきた。「戦略的忍耐」を政策標語としたオバマ前政権とは対照的だった。

だがトランプ大統領が北朝鮮の核開発を阻むための措置として軍事手段までを示唆するとき、どこまで本気なのか。この問いへの簡単な答えは、「かなり本気」ということだろう。そういう姿勢が後に北朝鮮の譲歩を引き出し、二〇一八年六月の米朝首脳会談につながっていったといえよう。

トランプ大統領はこのあたりの時点で軍事攻撃を確実に考えていた。

もちろん北朝鮮の出方次第だが、潜在危機が続くとき、さらに北朝鮮の挑発的な言動が止まらないとき、トランプ大統領は軍事手段での事態解決を本気で考えてきたといえる。そう観測できる理由は少なくとも三つある。

第一には、トランプ氏自身が選挙キャンペーン中からアメリカの力の行使による平和という概念への信奉を明確にしてきたことである。国際紛争の最終の解決手段として、さらには自国の国益や思想を追求する手段として、あるいは特定な国の膨張や侵略、攻勢を防ぐために、力を使うことはためらわないというのだ。同大統領は就任後、実際に軍事力の増強の措置を敢然ととってきた。

第二には、トランプ大統領の支持層には北朝鮮の脅威に対する軍事手段への賛同が多いことである。ワシントン・ポストとＡＢＣニュース合同の二〇一七年十月中旬の世論調査では、国民の八三％が北朝鮮を脅威とみなし、共和党支持者の六三％が先制攻撃を〝支持〟した。北朝鮮が先に軍事行動をとった場合の米側の軍事力行使には民主党支持層でも七四％が賛成する。

第三には、トランプ大統領が北朝鮮の抑止のためにも軍事攻撃の可能性の明示が効果があると考えているらしいことである。同大統領は「北朝鮮はただ一つのことを理解している」と語り、北側も軍事力行使の効用を真剣に受け止めていることを指摘した。同大統領はさらに軍事力を使うことと対話を進めることを同時に語り、北側を混乱させる「マッドマン（狂人）戦略」の威力をも語ったことがある。この場合においても、米側の軍事力行使に現実味がなければ効果はない。

だからトランプ政権が北朝鮮の脅威を軍事力で除こうとする可能性はまだまだあったのである。ただし二〇一七年秋の時点では事態はまだそこまで達せず、同政権は非軍事の経済圧力のさらなる推進や、準軍事の電磁波攻撃、サイバー攻撃、金正恩政権の内部からの打倒でのレジーム・チェンジという諸策の試みをまだ放棄してはいなかった。だから日本側としては最悪中の最悪のシナリオとしての朝鮮半島での軍事衝突という事態をも想定せざるをえないのだ。

「火星15号」発射を契機とした軍事力行使をめぐる論議

北朝鮮に対するトランプ政権の圧力や威嚇に関連して、政権周辺での動きも大きな役割を果たしていた。とくに北朝鮮が二〇一七年十一月二十九日に新型の大陸間弾道ミサイル（ICBM）「火星15号」を発射して以来、ワシントンでは北朝鮮への軍事攻撃の提案が増していたのだ。

北朝鮮の核兵器とＩＣＢＭの開発を防ぐには軍事オプションしかないという思考であり、全面戦争による大惨事を防ぐためには米軍による限定的な軍事攻撃もありうる、という意見が輪を広げてきたのだ。トランプ政権の外でのこの動きが同政権の北朝鮮政策をまた一段と強力にする効果を発揮したといえよう。

トランプ外交のとくに北朝鮮部分に関して、知っておかねばならない側面である。

北朝鮮当局の公式発表によれば、「火星15号」はアメリカの首都ワシントンをも含む全土に到達しうる新型ミサイルとして米側の官民に新たな衝撃を与えた。もしこの発表にいくらかでも真実があれば、ではアメリカはどう対応すればよいのかをめぐり、熱い論議が繰り広げられた。そのなかでは軍事的手段を求める意見が少数派とはいえ、増えたことが目立った。

トランプ政権は軍事的オプションもありうると強調しながらも、当面はなお非軍事の経済制裁などの手段を中国の協力を得て強め、北朝鮮を核放棄へと追い込むという政策を保ってきた。

だが政権内外では非軍事の手段ではもはや北朝鮮の核武装を止められず、かといってこのままその核武装を容認するわけにもいかないというジレンマが語られた。そのジレンマの論議を軍事の方向に一段と傾かせる効果を生んだのがこの「火星15号」発射だった。このままだともう軍事手段しか残されていないのではないかという疑問がより一層、真剣に提起されるようになったわけだ。

その一例はニューヨーク・タイムズの国際問題専門記者のニコラス・クリストフ氏が二〇一七年十一月二十九日付の同紙に載せた「私たちは新たな朝鮮戦争へと向かっているのか」と題する評論記事だった。

クリストフ氏は「アメリカ領土のどこにでも届く能力があるという今回の北朝鮮のミサイル発射の意味といえば、まずアメリカ側のこれまでの対北朝鮮戦略が失敗であり、戦争の可能性が増している、ということだ」と述べ、戦争への危機増大を指摘していた。

同氏は米側一般で軍事攻撃策の最大弱点としてよく提起される「膨大な人命の損失」をあげ、新たな米朝全面戦争は「これまでのアメリカのどの戦争よりも流血が多く、戦闘の初日に百万人もが死ぬという推定もある」と警告していた。

だがその一方、クリストフ氏は今回のミサイル発射の直後に上院共和党の有力メンバーのリンゼイ・グラハム議員が「北朝鮮の核武装を止めるためには戦争しかないとなれば、アメリカはそうするだろう。もし情勢がいまのまま変わらなければ、私たちはまちがいなく戦争へと向かうことになる」という発言をしたことも報じていた。

ワシントンの専門家たちの間で、この新型ミサイル発射を契機として、北朝鮮への限定的な軍事攻撃を提案する声が増えていったことは否定のしようがない。

たとえば、ワシントンの大手研究機関ＡＥＩの安全保障専門の上級研究員マーク・ティーセン氏は十一月二十九日、「トランプ大統領は北朝鮮の今回の新型ミサイル発射の基地を攻撃して破壊すべきだ」という題の論文をＡＥＩ機関紙に発表した。

同論文は米軍が北朝鮮に対して今後のアメリカを狙うような同種の長距離ミサイルの発射を止めさせるために、すでに発射された基地だけに照準を絞って、ミサイルあるいは空爆での攻撃作戦を実施して、もし北朝鮮が同じような発射実験をすれば、同じような攻撃をすると宣言すべきだ、とも主張していた。

ティーセン論文はさらに全面戦争を避けるために、アメリカは北朝鮮に対し、この種のミサイル基地攻撃はあくまで限定であることを事前にも事後にも明確に通告することを提案していた。

ティーセン氏はジョージ・Ｗ・ブッシュ元大統領やドナルド・ラムズフェルド元国防長官の補佐官として働いた経験のある共和党系の専門家である。

同じような軍事攻撃の提案は他の専門家からも発表された。

過去二十数年、歴代政権の国務省、国防総省、中央情報局（ＣＩＡ）で朝鮮軍事情勢への対応を専門としてきたフレッド・フライツ氏はワシントンの政治・外交紙『ザ・ヒル』十二月一日付に「北朝鮮に対するアメリカの限定軍事攻撃の時」と題する論文を公表した。

フライツ氏はこの論文を出した当時は民間研究機関の「安保政策センター」の副所長だった

が、二〇一八年四月にはトランプ政権に入った。しかも国家安全保障会議の重要な地位に就いたのだ。

フライツ氏は同論文で、以下のような趣旨を述べていた。

(1)このままの北朝鮮に対する交渉や制裁では核とミサイルのさらなる開発を阻止できないことはあまりに明白となった。

(2)北朝鮮の核武装を容認すれば韓国や日本への軍事的な威嚇や侵略、さらには米軍の東アジア撤退の危険を招く。

(3)そのためにアメリカはまず朝鮮半島をサイル発射禁止地域と宣言して、北朝鮮のミサイル発射は軍事力で阻止する。

(4)アメリカは北朝鮮の核開発関連の物資の流れを阻むための艦艇臨検を実施し、北の核施設の破壊の意図をも宣言する。

そのうえでフライツ氏は総括として「トランプ政権がまず軍事オプションの採択を言明することを抑止の第一策とする」という戦略を提唱していた。

こうした軍事的手段の提案は多数派とはならず、トランプ政権の公式の政策にもなってはいないが、それなりの専門家たちが正面からその種の提言を公表するようになったことはワシントンでの国政論議の場での新しい傾向だといえる。そしてなによりも北朝鮮への強力な圧力となっていたといえよう。

トランプ政権のこうした軍事手段の示唆と経済制裁の実行を組み合わせた強固な姿勢は北朝鮮の金正恩朝鮮労働党委員長を「平和攻勢」や「微笑外交」へと駆り立てることになった。二〇一八年に入ってからの金委員長の「悪魔から天使」へのような〝変身〟は明らかにトランプ政権の戦略を恐れ、悲鳴をあげた結果だったといえる。

普遍的な価値観を語った「ポーランド国民に対する言葉」

トランプ大統領の外交政策の理念を知るために参考になるもう一つの指針がある。それは大統領就任半年後になされた二〇一七年七月のポーランドでの演説である。

トランプ大統領は同年七月、ポーランドを訪れ、首都のワルシャワで演説した。「ポーランド国民に対する言葉」と題されていた。その骨子は以下のようだった。

・ポーランド国民はナチスの残虐な侵略を受けて占領されたが、ポーランドという主権国家の一員である魂を失うことはなく、また国民国家を回復した。

・ポーランドとアメリカは、西洋文明の中で個人の自由と主権、創造性、能力主義、法の統治、言論と表現の自由，信仰と家庭の美徳などを共有している。
・いま東欧などではロシアが不安定勢力となっているが、アメリカもポーランドもそれに対してともに北大西洋条約機構（ＮＡＴＯ）のメンバーとして対抗する。

トランプ大統領はここでも、自由や法の統治など普遍的な価値観を語っていた。これまた日本でのトランプ政権への認識とは大きなへだたりがあるといえよう。日本もトランプ政権のこうした多様な側面を立体的に認識すべきときがきたようである。

そもそもトランプ外交のプラス面を軽視や無視をするのは当のアメリカでもかなり目立つ傾向だといえる。当然ながら、これは最初からトランプ大統領のすべてについて猛反対する民主党支持の主要メディアに顕著な傾向である。

ほんの一例をあげれば、イスラム過激派テロ組織の「イスラム国」が二〇一七年十月中旬、崩壊した。同組織が「首都」としてきたシリア領内の要衝ラッカが米軍支援の「有志連合」に完全に制圧されたのだ。それまで三年ほど世界各地で恐怖のテロを断行してきた無法組織の一応の壊滅である。

アメリカの主要メディアは、一応はイスラム国の崩壊を報道した。だが民主党寄りのニューヨーク・タイムズなどは、この動きをトランプ政権の対外戦略の成果としては報じなかった。

現実にはトランプ氏は大統領選挙中から「テロ組織イスラム国の撲滅」を外交政策の筆頭にあげてきたのだ。しかも大統領になってから実際にそのための軍事関連措置を断固として進めてきたのだった。

ロシア疑惑捜査と「司法妨害」の追及

トランプ政権にとってはロシアとの関係も重要である。外交全体のなかでも主要部分を占める。なぜなら、ロシアはトランプ政権の国家安全保障戦略でもはっきりと挑戦者として特徴づけた競合相手であるからだ。ロシアはアメリカが主導して長年、築いてきた現在の国際秩序を可能ならば軍事力を使ってでも変えようとしている。

ロシアの国際秩序破壊の行動として知られるのは、ウクライナの一部のクリミアを奪取したことだ。ロシアは二〇一四年にクリミアを併合した。事実上の他の主権国家への侵略と領土奪取だった。米側は当時のオバマ政権が強く抗議した。ロシアへの経済制裁も実施した。だがそれ以上に強い措置はとれなかった。

トランプ政権も、ロシアのクリミア奪取に対しては強い反対の声をあげてきた。トランプ政権にとってはロシアとの関係はそのほかにも特別なしがらみがあった。トランプ政権にとっての「ロシア疑惑」である。

二〇一六年のアメリカ大統領選挙でトランプ選挙陣営は、ロシア政府機関と不当に共謀してアメリカ有権者の投じる票をトランプ候補に有利に、ヒラリー・クリントン候補に不利に動かした——こんな疑いがトランプ政権に対するロシア疑惑だとされた。民主党のヒラリー・クリントン陣営が中心になって提起した「疑惑」だった。

アメリカの司法省は民主党側からの圧力でこの疑惑を徹底して捜査する特別検察官を任命した。そこで民主党系のベテラン法律家のロバート・モラー氏が任命された。二〇一七年五月のことだった。それ以前にも連邦捜査局（ＦＢＩ）は前年二〇一六年なかばからこのロシアの選挙介入の疑惑を捜査していた。

特別検察官の任命から一年余り、同検察官はトランプ氏の側近やロシア側の工作員たちを起訴してきたが、いずれも大統領選挙に関してのトランプ陣営とロシア政府の「共謀」とは関係のない容疑ばかりだった。

その間、トランプ大統領はこの「ロシア疑惑」への捜査自体をまったく根拠のない民主党側勢力による「魔女狩り」だと非難してきた。共和党の上下両院議員たちもこの「共謀」の疑惑には根拠がないという声明を何度も出してきた。

確かに二〇一八年六月の時点でも、疑惑の核心とされる「共謀」の証拠はなにも出ていない。だがこの疑惑がトランプ政権の黒い霧として国政に微妙な影響を与えていることは否めない。

アメリカの司法の特色だが、いったん特別検察官クラスの大きな捜査が始まると、当初の犯罪容疑とは直接の関係のない嫌疑や罪状で刑事訴追が進められるというケースも起きてくる。

今回の捜査でも「トランプ陣営がロシア政府と共謀して大統領選挙での票を不正に動かした」という本来の疑惑とは別にトランプ大統領が政治的にまったく波長の合わないFBI長官のジェームズ・コミー氏を解任したことに対する同大統領の「司法妨害」の疑いが浮上してきた。特別検察官は本来の捜査の標的である「共謀」をわきに押しのけて、こんどは「司法妨害」に焦点を合わせてのトランプ大統領追及ができるわけだ。

首脳会談でトランプがプーチンから引き出した潔白の材料

そのトランプ大統領とロシアのプーチン大統領が二〇一七年七月七日、ドイツのハンブルクで初めて会談した。会談の冒頭でトランプ大統領がロシア政府のアメリカ大統領選挙への不当な介入を提起して、かなり時間をかけて詰問し、非難した。

ロシアと共謀して二〇一六年の大統領選挙の投票を不正に動かしたという疑惑をかけられているトランプ大統領にとっては、もし潔白ならば、その主張のためには好機だった。この首脳会談での展開はアメリカ国内でのそのごの「ロシア疑惑」の追及にも影響し、その疑惑をめぐる論議を変質させる見通しを生む気配をもみせていた。

トランプ、プーチン両大統領はG20首脳会談の開催を契機に二者会談にのぞんだ。会談の時間は当初三十分とされたが、実際には二時間十六分となり、異例の延長となった。

トランプ大統領のメラニア夫人が同会談後の予定を心配して途中から会談場に入り、それとなく終了を促したが、効果はなく、両首脳は熱気を帯びた協議を続けたという。

トランプ氏はかねてから個人レベルではプーチン氏に対して前向きなコメントを述べ、アメリカのメディアはいかにも両首脳がすでに知遇を得ているかのように報じていたが、現実には今回が初めての顔合わせだった。

首脳会談には通訳以外では米側はティラーソン国務長官、ロシア側はラブロフ外相だけが同席した。会談後、同長官と同外相がそれぞれ記者団に会談の内容の骨子を公表した。両者の発表には微妙な食い違いがかなりあった。

しかし両国側の発表が一致したのは、会談の冒頭でトランプ大統領が「ロシア政府のアメリカの二〇一六年大統領選挙への不当な介入」という議題を提起して、プーチン大統領を非難しながら、その回答を迫った、という部分だった。

アメリカ国内ではトランプ大統領はそれまで前述のように「大統領選ではロシア政府とトランプ陣営が共謀して、結託し、アメリカ有権者の投票をトランプ陣営が有利になるように不当に動かした」という糾弾を受けてきた。ＦＢＩ（連邦捜査局）が特別検察官の任命に先立つ十ヵ月前の二〇一六年七月から捜査を続けてきたが、この糾弾を直接に証明する具体的な証拠はまだ出ていないわけだった。

トランプ大統領がプーチン大統領との会談でこの「ロシア疑惑」をどう提起するか、それとも提起しないのか。米側では注視の的だった。トランプ陣営が大統領選で本当にロシア側と結託してきたならば、その相手に強い非難の言葉を浴びせることも難しいのではないか、という観測も生まれていた。

しかし米ロ両国の国務長官、外相を通じての公式発表でも、トランプ大統領は会談の冒頭で「ロシアのアメリカ大統領選介入」を批判的に提起したが、プーチン大統領はその介入を否定したことが明らかにされた。トランプ大統領の主張は、ロシアがアメリカの大統領選挙に不当に介入したことは事実だが、トランプ陣営との共謀はまったくない、という趣旨だった。

この点についてのアメリカの当時の国務長官ティラーソン氏の発表の骨子は以下のようだった。

・首脳会談ではトランプ大統領は冒頭からロシアがアメリカの大統領選挙に不当に介入したという情報を提起して、「この問題を両国関係の障害にしないようにあえて問いたい。ロシア政府はそういう介入をしたのか」と問いつめた。その口調は対決色を帯びていた。同大統領は「アメリカ国民はロシアの介入には深刻な懸念を抱いている」とも述べた。
・トランプ大統領はこの「ロシア介入疑惑」について数回にわたり問題提起をして、プーチン大統領に迫った。だがプーチン大統領は「(ロシア政府がアメリカ選挙に介入したという)そんな事実はない。もし介入があったと主張するなら、証拠を示してほしい」と反論した。この問題での両首脳のやりとりは通算四十分に及んだ。
・トランプ大統領は「こんごの課題は米ロ両国がこの解決できそうもない見解の相違をどう乗り越え、両国関係の前進を図るかだ」と述べた。同大統領は「ロシアがこれからアメリカの民主主義や他の諸国の民主政治に介入しないことを誓約することも重要だ」とも述べた。プーチン大統領はそのための協議には応じてもよいという態度をみせた。

一方、ロシアのラブロフ外相も首脳会談の内容について以下の骨子を発表した。

・トランプ、プーチン両大統領は会談の冒頭から米側の提起した「ロシア疑惑」について討論したが、両首脳の口調は対決調ではなかった。
・トランプ大統領はプーチン大統領の介入否定を「受け入れた」。そしてトランプ大統領は「アメリカ国内の一部勢力がこの『ロシアの介入』を誇張して語っているが、その証明はでていない」とも述べた。

以上を総合すると、このアメリカ、ロシアの首脳会談ではトランプ大統領が「ロシア疑惑」を冒頭から取り上げ、プーチン大統領を詰問する展開となったことは疑いないだろう。トランプ大統領としては、アメリカ国内での民主党側からの「トランプ陣営は選挙戦でロシアのプーチン政権の力を借りた」という非難に対してはこのプーチン大統領との対決模様の討論は潔白の材料として使えることともなる。

一方、なお「ロシア疑惑」を強調してトランプ政権を攻めるアメリカの民主党や主要メディアの側ではロシア大統領がその疑惑を正面から否定し、アメリカ大統領もそのロシアの「介入」を非難し、「共謀」を否定するという新段階では、その攻撃はより難しくなるだろう。トランプ政権を追い詰めるには新たな攻撃材料を必要とするようになったともいえそうだ。

第５章

中国の「新皇帝」の独裁

まちがいなく強化されている習近平氏の独裁体制

中国ではいまなにが起きているのか？　この章では中国の内部の動きに光をあてることを試みたい。

アメリカがついに対決も辞さずという覚悟までを超党派でみせる競合相手の中国である。中国のなにがアメリカにそんな対決をも迫ることになったのか。

私も僭越ながら中国の内部の状況を語るだけの経験は有している。しかも皮膚感覚での中国体験である。産経新聞中国総局長として二〇〇〇年末までのまる二年間、北京に駐在し、取材活動をしたからだ。もちろんその間、中国の数多くの地域を訪れることができた。

上海や大連、成都という大都会だけでなくチベットをも訪れて、二週間ほど滞在した。中国本土の最西南端に位置する雲南省も見学した。中国内陸部の最貧に近い貴州省をも訪れた。

北京での日常生活で中国社会と直接に触れる体験も貴重だった。中国政府や共産党の高官、一般メンバーに接することは取材活動では連日に近かった。そんななかでは、この国の基本である中国共産党の独裁支配というメカニズムの厳しさについて実感に実感を重ねた。

それから十数年、いまの中国では明らかにその独裁体制がさらに引き締められてきた。私はこの期間、ワシントンに拠点をおいて中国ウォッチを続ける一方、実際に中国を再訪する機会も得ていた。

いまの中華人民共和国は習近平氏というごく普通の共産主義指導者にみえて、じつは普通ではない人物の支配下で、また新たな変貌をとげつつあることが明白である。

その中国の政治体制の変化がまともに対アメリカとの関係にも反映されてきた。いまのトランプ政権下でのアメリカが中国に対してかつてない厳しい姿勢をみせるのも、中国側の変化の〝鏡〟のようなものなのである。

いまの中国で起きていることはまちがいなく習近平体制の独裁の強化である。その状態を評して、アメリカ側では習氏を新皇帝と呼ぶ評論までが登場してきた。

中国の新皇帝に注意せよ——こんな論評である。

二〇一七年十月、中国共産党の第十九回党大会で習近平総書記の権力が一段と強化され、独裁体制が強まる展望が明らかになるにつれ、アメリカ側でも注意や警戒の度合いが高くなってきた。

そのアメリカの反応は多数で多様だが、国際戦略研究の大御所が懸念と皮肉とを交えて「そもそも習近平とはだれなのか」という論考を発表した。習近平氏のこれまでの経歴からこの党大会後の立ち位置を予測したこの論考は、従来の中国専門家の分析とは一風、異なる点でもワシントンの国政の場でも強い関心を集めるようになった。

中国共産党大会での動きを踏まえて習近平氏をはっきりと「新皇帝」と呼ぶ評論を発表したのはハーバード大学ケネディ行政大学院の初代院長で、現在は同大学の国際問題研究センター所長を務めるグレアム・アリソン氏だった。

アリソン氏はアメリカ全体でも長老級の国際戦略の権威とされ、キューバをめぐるアメリカとソ連のミサイル危機を分析した『決定の本質』という著書はとくに評価が高い。クリントン政権では国際政策担当の国防次官補を務めた。アリソン氏は近年は米中関係の研究結果を発表している。

アリソン氏はアメリカの大手紙ウォールストリート・ジャーナルの二〇一七年十月十六日付に「中国の新皇帝に注意せよ」という見出しの論文を公表し、習近平国家主席がいまの共産党大会を使って自己の権力の一大強化を図り、「二十一世紀の中国の皇帝」に等しい地位を築こうとしているという考察を述べた。

アリソン氏は同論文でまず習氏がいま中国共産党の歴史でも珍しい勢いでの権力強化を目指しており、アメリカ側はその野望の実態を知り、その結果、こんごの中国がどう変わっていくか、習氏がどんな立場の人物となるのか、などを知らねばならないと警告した。

無期限に独裁者の地位に留まれるようになった習近平氏

アリソン氏はその習近平論を以下の五つのポイントにまとめていた。

第一には、習近平氏は中国共産党の歴史ではすでに毛沢東主席以来、最も強大なパワーを有する指導者となりつつある。鄧小平氏をすでに上回りそうだというのだ。鄧氏がいまの中国の経済発展への新たな道を切り開いたことを考えれば、習氏の地位の強化や権力の把握はものすごいといえる。

第二には、習氏はいまの世界でも最も野心的な指導者だといえる。経済強化、軍事強化、ナショナリズムとプライドの回復、党の活性化と権力強化という四つの目標を「中国の夢」とか「中華の復権」という標語の下に同時に目指す。これには「アメリカを再び偉大に」というトランプ大統領もはるかに及ばない。

第三には、習氏は世界でも最も驚きの指導者なのだ。二〇一二年に最高指導者となったときは、特徴のない名目だけの元首とみられていたのに、その後、独特の手腕と決意でカリスマ的な独裁を強めていったことは内外の大きな驚きだった。しかも習氏は鄧氏の「韜光養晦」（才能や力を隠す）策を捨てて、「一帯一路」など野心的な標語を乱発した。

第四には、習氏は世界でも最も実績をあげる指導者だといえる。民主化が避けられず、崩壊が不可避だともみなされた共産主義体制を立て直し、経済の高度成長を保ち、大軍拡をも進めた。世界各地での影響力を強め、アメリカなど競合相手にめげず、南シナ海では領土を拡大して国威を発揚した。

第五には、習氏はいまの世界でも最も重要な指導者だともいえる。世界最大の人口の中国を強大かつ繁栄させ、習氏はその最高指導者としての二期目の任期を終えるころには、中国の経済はアメリカのそれを越える。いまでも中国の影響力はアメリカを越えかねない勢いをみせる。

アリソン氏は習近平氏のこんな特徴を並べ、習氏が今回の共産党大会で皇帝のような全権を握る独裁強化に成功する経緯や理由を説明し、「習近平氏は必ずや中国の現代の皇帝になる」と総括していた。しかもその最高ポストの任期をなくし、無期限に独裁者の地位に留まれるようにもなったのだ。

この「中国新皇帝」にアメリカはどう対峙し、対応していくべきなのか。アリソン氏はアメリカにとって中国こそがこんごの世界で最も重大で真剣な注意を払わねばならない対象の大国だと強調するのだった。

こうした見解はこんごの習近平体制下の中国が国際関係にどんな影響を及ぼすかを知る基本の指針ともなるだろう。

「中国に関する議会・政府委員会」が公表した中国政府の自国民弾圧

中国が共産党独裁の下でその最高指導者の習近平氏を現代の皇帝であるかのような全権力の保持者としていくというプロセスでは、まず国家や社会への共産党支配を一段と強めていくという作業があった。もともとの独裁体制をさらに強固で効率のよい独裁体制へと増強していく作業である。

この独裁強化では必然的にその独裁に少しでも抵抗や反対をする側への弾圧が熾烈となる。自由への弾圧、個人の抑圧と呼ぶことができる。米側には中国のこの種の人権弾圧を一貫して観察し、その結果を発表して、批判を表明するという国政の場でのメカニズムが存在する。

その常設のメカニズムである組織から二〇一六年十月、次のような声明が発信された。この時期はアメリカの大統領選挙が過熱に過熱を重ね、ついに終盤戦を迎えたころだった。

「中国の共産党と政府は二〇一六年には平和的な言論、宗教的な活動、結社の動きなどをこれまでよりもさらに苛酷に弾圧した」

「中国当局は自国内の人権活動家、弁護士、さらには市民社会全体を制裁して、世界でも最も効率のよいインターネット統制と報道検閲の機能を続けた」

「こうした中国当局の行動は国際人権基準と中国自体の国内法の違反であり、アメリカの利益と中国国民とを傷つける」

中国当局の人権弾圧をこのように仮借なく非難する声明だった。発信源はアメリカの議会と政府が一体となった機関である。

この時期、アメリカの国政は大統領選挙によって激しく揺れていた。オバマ政権も末期を迎えて、すっかり機能を低下させた観があった。だが、そのアメリカの国政メカニズムのなかでも一部はなお堅固な継続性を発揮しているようなのだ。さすが超大国と安堵させられるような実感である。この中国非難の声明はそんなことを感じさせた。

この声明を出したのは「中国に関する議会・政府委員会」という名前の組織だった。この委員会が二〇一六年度の年次報告書を公表したのだった。

同委員会は中国の人権状況を精査して米側の対中政策に反映させることを任務とする。その名称どおり、立法府、行政府両方の代表で構成される。二〇〇〇年に特別立法により設置された公的機関である。

本来は中国が世界貿易機関（ＷＴＯ）への加盟を認められた二〇〇一年以降、アメリカとして中国がＷＴＯ加盟国の基本的な責務とされる「法の統治」をどれほど誠実に遵守してきたかを調査し、判定するための機関として設けられたのがこの「中国に関する議会・政府委員会」だった。

同委員会二〇一六年度報告書は、習近平主席の下での共産党政権が自国民の人権をかつてない規模と激しさで弾圧する実態を迫力ある記述で伝えていた。この弾圧はいま思えば、習近平氏を中国の新皇帝にかつぎあげるための下準備だったともいえるのだ。

この報告書が伝える中国での弾圧措置の主要点は以下だった。

第一の特徴はイデオロギーの強制画一である。

共産党の政治思考に絶対の忠誠を示さない動きはすべて厳しく抑圧され、懲罰を受ける。二〇一六年二月には官営紙主筆が当局への批判や提案を自由にすべきだと主張して即座に制裁を受けた。

第二は共産党独裁体制に合致しない思考の完全排除である。

共産党の思想に合わない考えは「中国の復活に反する危険な外国の価値観」として排する動きが二〇一六年には顕著となった。習近平政権は「中国の夢」の名の下に巨大な野望を語る際、民主主義などの国際的な普遍思想を「中国を害する外国思想」として敵視する。

第三は自由で平等な市民社会の概念を、国家安全保障への脅威と断じる動きである。

中国当局が二〇一六年四月に施行した外国のＮＧＯ（非政府機関）規制の法律は、中国社会で自主的に活動する団体や個人を「中国の民族の団結を乱し、国家の安全を害する」と断じた。

第四は共産党支配を正当化する法律の選別的な利用である。

中国当局は二〇一六年五月、人権尊重を主張した中国人の弁護士や活動家計約二十人を逮捕したが、その法的根拠として「国家治安を危うくした」という法律の規定を適用した。当局は独自に法律を作り、その一部を政府批判分子の弾圧に利用するわけだ。

第五の特徴は経済不安と労働争議への二重の弾圧である。

最近の中国は経済面の不安や労働者の不満が共産党の統治の正当性に影を投げているが、共産党政権は労働者の不満を直接に抑圧すると同時に、経済の不調を伝える中国メディアの報道を厳しく規制し、実際よりもバラ色の構図を投射させているという。

同年次報告書は以上の特徴を指摘する一方、人権弾圧の具体的な細部を合計約三百五十ページにわたって詳述していた。国際的な意味あいの強いチベット人やウイグル人への弾圧の強化も多数の最新の実例があげられていた。

外国関連でとくに注視されたのは中国当局による北朝鮮国民の苛酷な扱いだった。

報告書には以下の記述があった。

・中国当局は自国領内に入った北朝鮮難民を原則としてみな拘束し、本国へ強制送還している。

・中国当局は中国に難民や亡命者を保護する法律がないため、迫害を逃れてきた人についても違法入国として犯罪者扱いする。
・中国の国境警備の強化のため、脱北者の韓国への亡命が二〇一一年以来、減少を続けている。
・北朝鮮からの中国入国は女性が圧倒的に多く、人身売買がなお増えている。

「ミス・カナダの中国入国禁止」事件の顚末

総括すれば、習近平独裁下での中国では個人の人権や自由への弾圧が急速に苛酷となっている、ということである。アメリカが中国への関与政策で望んできた中国国内の民主化や自由化とはまさに逆の方向への流れがますます激しくなったのだ。

アメリカのこうした中国の人権弾圧への批判は課題の普遍性を考えれば、日本でも同様の懸念や批判を表明すべきであろう。

中国政府が自国への批判をいかに嫌うか、いかに簡単に個人を抑圧するか。ミス・カナダとなった女性の実例を報告しておこう。

ミス・カナダはやはり中国への入国を拒まれた。中国政府は自国の政策を批判する人間には容赦なく入国拒否という措置をとって、報復することが改めて立証された。アメリカの議会がそれまでこのミス・カナダの中国批判を全面支援してきただけに、この中国側の措置が米中関係にまた一つ悪化材料を加えることにもなった。二〇一五年のことである。

ミス・ワールドのカナダ代表に選ばれ、中国で開かれる世界大会に出場するはずだった中国系カナダ人の二十五歳のアナスタシア・リンさんは同年十一月二十六日、香港の国際空港から自分のフェイスブックなどで、中国当局に入国を拒否されたことを公表した。

ミス・ワールドの世界大会は中国の海南島の三亜市で開かれるため、リンさんは香港から海南島までの航空機に乗ろうとしたが、中国当局から拒まれたという。中国当局はカナダのオタワの中国大使館を通じて声明を出し、リンさんが中国にとって「ペルソナ・ノン・グラタ（外交的に好ましくない人物）」であるため入国を拒否したと述べた。

リンさんは中国政府が「邪教」だと断じる気功集団の「法輪功」に同調し、中国政府の法輪功への弾圧に抗議していた。

二〇一五年七月二十三日、アメリカの前述の「中国に関する議会・政府委員会」は中国の人権弾圧に関する公聴会にリンさんを証人として招き、詳しくその主張を聞いた。

私は彼女の証言とその後の議員たちとの質疑応答を傍聴した。その詳細を同八月、「ミス・カナダが中国政府の人権弾圧に〝覚悟の抗議〟無事に出場できるのか？　ミス・ワールド最終大会は中国で開催」として複数のメディアで報道した。そこで提起した「リンさんはミス・ワールド最終大会に無事に出場できるのか？」という疑問にははっきりとした「ノー」の答えがその後、出たわけだった。

ちなみに気功は日本でもかなり人気のある健康法、養生法だといえよう。その気功に仏教の教えなどを加えて実践する「法輪功」はアメリカでもカナダでも多数の信者がいて、当局からもその活動を認められている。社会や国家に害を及ぼすことのない健康、あるいは精神の自己鍛錬の範囲の活動とみなされるからだろう。

だが中国政府は一九九九年からその法輪功を国家に危害を及ぼす危険な「邪教」集団と断じて、信者たちを大量に逮捕し、徹底して弾圧したのだ。私はそのころ北京に駐在していて、この大弾圧の一部を目前にみて、何度も報道した。

国際的な人権擁護団体もアメリカの政府や議会も、中国政府のその法輪功弾圧を重大な人権侵害とみなして、抗議や非難の声明を再三、出してきた。

アメリカの政府と議会が合同で中国の人権問題を調査する「中国に関する議会・政府委員会」が前述の公聴会を開き、リンさんを証人として招いたのもそうした抗議活動の一環だった。

正式のカナダ代表として世界大会に参加する資格のあるリンさんはこの公聴会などでの発言のために中国への入国を拒まれた。その事態が判明してすぐリンさんは香港の国際空港からニューヨーク・タイムズの電話インタビューに答えて、次のように語ったという。

「私はこの入国拒否という事態に怒りを感じ、失望もしています。しかしまったく驚いたというわけではありません。私には中国領内での世界大会に参加する資格があります。私は単なる女優であり、学生です。そしてミス・カナダとなりました。中国政府はそんな私をなぜ恐れるのでしょうか」

リンさんはさらに自分のフェイスブックで声明を発表した。中国政府が入国を認めないという措置が明らかになった直後の投稿だった。

「中国政府が政治的理由で私をミス・ワールドの世界大会に参加させないことがわかりました。中国当局は私の信条を理由に私を罰しようとしており、私が人権問題について発言することを阻止しようとしています。他の多くの人たちも同様の目にあっています。中国政府に異議を唱える人、中国政府の考えを認めない人、中国当局が気に入らない学術研究や報道をした学者やジャーナリストなどを屈服させるために入国査証（ビザ）を発行しないという手段を中国政府はよく使うのです。ミス・ワールド世界大会や冬季オリンピックを開催するような大国として、ふさわしいやり方ではありません」

リンさんは中国の湖南省生まれ、十三歳のときに母親に連れられ、移民としてカナダに渡った。中国名は林耶凡だが、いまでは完全なカナダ国籍である。カナダ国内ではトロント大学で国際関係と演劇とを学び、在学中に女優として映画、テレビ、舞台と多様に活動してきた。二〇一五年五月にはミス・ワールド・コンテストのカナダ代表に選ばれた。ミス・ワールドは三大世界美女コンテストのなかでも最も伝統と格式のある大会だとされている。

リンさんは二〇一五年七月の公聴会では、自分も法輪功の教えと訓練に従ったことを明確にしたうえで次のように証言していた。

「私は中国で自分たちの信念や信仰のためにのみ中国当局から迫害され、殴打され、拷問され、殺される人たちのために発言したいのです。とくに法輪功という気功の教えを信じ、励行したことだけで、なんの罪も犯していないのに、逮捕され、苦痛を与えられている無数の男女の救済を訴えたいのです。この人たちは真実、同情、寛容というような価値観に従い、黙想を通じて、自己を改善しようと努めるだけの男女なのです」

リンさんはこんな証言を淡々と進めたうえで、この証言の結果、中国当局が自分の入国を認めない可能性を指摘していた。実際に世界大会の期日が近づいてもリンさんのところには招待状は届かなかった。そのため、とにかく自分自身で中国への入国を試みて、世界大会への出場を図るというつもりで香港まで飛んだのだという。

中国政府がそのリンさんの入国を断固として禁じるという措置は、米側の反発を改めて招くことは必至だろう。国際人権団体もすでに抗議の動きをみせ始めた。「ミス・カナダの入国禁止」事件はこんごも中国の人権弾圧のわかりやすい実例として国際的な波紋を広げることは確実である。

そしてこの一件も中国の民主主義抑圧の実態をきわめてわかりやすく提示したわけだ。

アメリカ議会の公聴会で明かされたチベット民族弾圧

中国のチベット支配も弾圧という表現がふさわしい。私自身は中国に駐在中、チベットを訪れる機会があった。一九九九年六月のことだった。北京から四川省の成都まで、さらにそこからチベット自治区の首都のラサへと、中国の国内航空便を乗り継いでの旅だった。

当時も現在も外国人記者たちのチベット入りは厳しく制限されており、私たち十人ほどの北京駐在の外国記者たちの一行には中国政府の外務省の官僚などが密着していた。チベットでの取材活動は制限され、監視されていたわけだ。

だがそれでもチベット自治区に合計十日ほども滞在し、各地を見学した。その限られた体験でもチベットでは中国の最大多数派の漢民族の人たちとは言語も風習も宗教も文化もまるで異なるチベット人たちが無理やりに併合され、同化されつつある状況はあまりに明白だった。当時もそれ以後も、中国政府によるチベット民族への弾圧は続いているのである。

チベット民族弾圧の模様はアメリカの首都ワシントンでも頻繁に伝えられる。しかも当事者のなまなましい実体験の報告によって知らされるのだ。

「私は中国当局に司法の手続きもないまま逮捕され、苛酷な拷問を受けました。『虎のイス』と呼ばれる鉄のイスに手足を厳重に縛りつけられ、そのまま二ヵ月近く締めつけられ、殴打や電気ショックも連日でした」

チベット仏教の僧侶で中国政府から長年、弾圧され、現在はスイスに亡命しているゴログ・ジグメ氏が二〇一六年四月十四日、アメリカ議会の公聴会で初めて証言した。中国政府が国内で少数民族や宗教組織の代表を拘束し、厳しい拷問を実行しているという現実が改めて明らかにされた。

この公聴会も前述の「中国に関する議会・政府委員会」が開催した。「中国の広範な拷問行使」と題された公聴会だった。アメリカ議会内で開かれた。

この委員会は長年、中国の人権問題を提起してきたクリス・スミス下院議員（共和党）と二〇一六年の大統領選にも立候補した新進のマルコ・ルビオ上院議員（同）が共同議長を務め、行政側からは国務省や大統領府の代表などが加わっていた。

この公聴会は中国当局による拷問の実態とその利用目的などを中心に、実際にその被害にあった関係者や国際人権擁護団体の代表らを証人として報告を聞いた。公聴会の冒頭ではルビオ議員が「中国の刑法システムのなかでは拷問はなお広範に実施されており、その違法性からして広く提起されねばなりません」と強調した。

拷問により虚偽の自供をテレビ放映するのが中国側の手口

中国の拷問についてはアメリカ政府の国務省なども厳しい監視の目を向けており、そうした拷問は国際的な人権擁護規範にも違反するとしてその証拠を集めてきた。同国務省はこの公聴会の前日の四月十三日に「二〇一五年人権報告」を発表し、そのなかで中国の拷問について以下のように指摘していた。

「中国の多数の元囚人や元被拘束者たちが当局者から殴打され、電気ショックを与えられ、堅いイスに長時間、あるいは何日間も連続で縛りつけられ、睡眠を奪われるという措置を受けたことを報告している。この種の拷問は刑事犯、政治犯一般に広く実行されているが、とくに政治犯、宗教犯、反体制活動家に対して集中的に実施される。活動家に対してはその家族までが逮捕され、この種の拷問を受けることがある」

ルビオ議員はこの種の拷問の目的について「反政府活動家らから虚偽の犯罪の自供を得て、その自供をテレビで放映することが最近の最も顕著な現象です」と述べた。つまり中国当局は民主活動家らが実際には実行していない違法行動を実行したという自白を拷問によって取得し、その内容を本人の口からテレビ、あるいはビデオなどで宣伝するというわけだ。卑劣な手法と評する以外にないだろう。

さてこの公聴会に登場したチベット人の僧侶ゴログ・ジグメ氏は赤い僧衣を着て、通訳を使って証言した。クリス、ルビオ両議員や百人以上の傍聴者が耳を傾けるなかだった。

「私が中国当局者たちの拷問にいかに苦しんだか、全体を語れば、時間がいくらあっても足りませんので、要点をお話しします。最初の二〇〇八年の拘束では五十二日間、連日、拷問を受けました。『虎のイス』という鉄製のイスに縛りつけられ、両手にきつい手錠をかけられ、両足も後ろに曲げて、カセをかけられ、全身の関節が痛むようになっているのです。昼も夜もそんな状態が続き、食物も飲み水もほとんど与えられないまま、眠ることも許されませんでした」

「当局の拘束の理由は、私がドゥンドゥプ・ワンチェンというチベット人の映画製作者が『恐怖を乗り越えて』というドキュメンタリー・フィルムを作ることに協力した、ということでした。この映画はチベット人の文化や信仰をあるがままに描いた作品です。しかしワンチェン氏は逮捕され、裁判もなく、六年間も刑務所に入れられました。中国当局は、私には同氏と共謀しての中国国家への反逆行為を自供することを命じ、さらにダライラマを誹謗することを迫ったのです。いずれもできませんでした」

ジグメ氏の証言はさらに続いた。

「中国当局者は私を頻繁に殴り、蹴りました。当初は木の棍棒でよく殴られました。肋骨が折れ、膝の関節が脱臼したこともあります。電気ショックを与える器具を体のいろいろな部位に当てられもしました。両手を背中で縛られ、天井のフックから宙釣りにされたこともあります。中国当局はいつも『中国には拷問はない』と否定しますが、私自身がその体験者であり、いま現在も多数のチベット人がチベットの伝統的な宗教や習慣を守るという理由だけで逮捕され、その種の拷問を受けている証拠が多々あります」

こうした体験を証言するジグメ氏は二〇〇八年から二〇一二年の間に三回、中国当局に逮捕され、拘束された。チベット人の地元社会では宗教面だけでなく、貧困層の救済や天災被害者の支援などでも指導的な役割を果たしてきた。そして前記の映画製作へのかかわりを理由に二〇〇八年に逮捕され、七ヵ月間ほど拘束されたというのだ。

ジグメ氏は二〇〇九年後半にも「国家機密を暴露した」という理由で数ヵ月、拘束された。さらに二〇一二年にも中国当局に逮捕された。

このときは当時、チベット全土で頻繁に起きていた中国当局の弾圧に対する抗議の焼身自殺の「主要な扇動者」という容疑をかけられた。そして逮捕後すぐに肉体の不調を理由に特殊な病院に入院させられることを告げられた。過去の事例からこの種の病院では殺されてしまう危険があると判断し、脱出を図って、成功したのだという。

ジグメ氏はチベット内部に一年半ほど潜伏し、二〇一四年五月にインドに脱出して、その後、スイスへの亡命を認められた。こうした背景を基にこのアメリカの公聴会での初めての証言となったわけだった。

中国当局による自国内でのこの種の弾圧は長年、体系的に続いてきた。米側ではそれを正面から非難してきた。この対応はオバマ前政権時代でも変わりはなかった。ただしオバマ政権下では政府よりも、アメリカ議会がその非難の先頭に立った。トランプ政権になって中国への非難は、人権面でもさらに明確で尖鋭になってきたのである。

日本もこの中国の人権弾圧にはこれまでよりも多くの注意を向けるべきだろう。同盟国のアメリカがこれほどの強い態度をとっていることは、中国との関係のあり方を考える際には日本にも貴重な指針となるだろう。

ノーベル平和賞受賞者・劉暁波氏の死がトランプ政権の対中政策を変質させた

しかし、中国内部での人権弾圧の実態を最も激烈に実証したのは、やはりノーベル平和賞受賞の中国人の民主活動家、劉暁波氏の悲惨な死だったといえる。彼の死は中国共産党政権の苛酷な〝本質〟を全世界にみせつけた。

劉暁波氏は二〇一七年七月十三日、中国の遼寧省瀋陽の病院で死亡した。末期の肝臓癌が全身に転移しての死だとされた。中国政府は劉氏の「08憲章」の起草などの民主化活動を「国家政権転覆扇動罪」として二〇〇八年末に懲役十一年の刑に処していた。以来、劉氏は刑務所に服役していた。その間に肝臓癌が進行していたというのだ。

劉暁波氏の生前の業績は全世界に知られていた。ノーベル平和賞の授賞自体が彼の中国での民主化運動への寄与の貴重さを物語っていた。あくまで非暴力の平和的な民主主義への希求に基づく彼の活動も、中国共産党政権からは「国家転覆」と断じられたのだ。

アメリカ国内でも彼の死は大ニュースとして各メディアによりいっせいに報じられた。その結果、巨大な火山が勢いよく噴火するように爆発的にあふれ出た中国への非難は、トランプ政権の対中政策を変質させることを不可避にするまでにエスカレートしていった。その変質とは簡単にいえば、対中政策では中国側の人権弾圧という側面も重要な批判の対象にするという重点のシフトである。

トランプ氏の中国への態度はまず経済面での批判から始まった。大統領選挙のキャンペーン中にトランプ候補が中国に関連して最初に取り上げたのは中国の貿易面での巨額な対米黒字、さらには人民元の通貨レートを中国側が不当に操作しているとする批判だった。

中国政府が劉暁波氏を事実上の獄死に追いやったことへの米側の激しい反発は連邦議会が嚆矢となった。

下院のクリス・スミス議員（共和党）は次のように中国政府を非難した。同議員は「中国に関する議会・政府委員会」の議長として長年、中国の人権弾圧を批判的に取り上げてきた。

「中国政府は劉暁波氏を不当に死刑に処したに等しい。この悲劇は中国共産党の歴史にぬぐうことのできない汚点を残した。劉氏は獄中で死ぬノーベル平和賞の受賞者としてはナチス・ドイツに迫害された一九三五年度の受賞者、カール・フォン・オシェツキー氏以来、初めての実例なのだ」

「私たちは劉暁波氏が、民主主義や法の支配が中国でも異質の価値観ではないことを実証した実績に対して感謝したい。民主主義こそが将来のより平和で繁栄し、安定した中国の基盤となるのだ。そのことが全世界への貢献ともなる」

スミス議員がここで提起したオシェツキー氏とはナチス・ドイツに迫害された言論人で、一九三五年にノーベル平和賞の受賞者となった。オシェツキー氏も当時のドイツ政府の政策に反対を表明して、国家反逆罪などで強制収容所にすでに入れられていた。受賞式には出席できず、その三年後の一九三八年には肺炎が原因となって獄中で死亡した。

スミス議員はそうした人物の実例をあげることで、いまの中華人民共和国が人権弾圧という点ではナチス・ドイツにも似ていることを示唆したのだった。

下院のナンシー・ペロシ議員（民主党）も以下の声明を発表した。同議員は下院での民主党の院内総務である。

「劉暁波氏の悲劇は正義と人間の尊厳という基本的概念の否定の結果だった。中国当局による刑務所内での彼に対する医療措置の欠落や、死の迫った人間の最後の願いをも拒む残虐性は私たちすべてを憤慨させ、中国政府による人間の自由の恥ずべき蹂躙への抗議を決意させる」

上院では若手のマルコ・ルビオ議員（共和党）が同様の声明を即時に出した。

「劉暁波氏の死は悲劇以上の重大な出来事であり、彼の刑務所内での医療措置、肝臓癌の診断のタイミングなどについての独立した国際調査が必要である。とくに中国政府は彼の遺体の処遇をすべて遺族の意思に任せるとともに、未亡人の劉霞女史の自由な出国を即時、認めるべきだ」

「劉氏はアメリカ合衆国の建国の理念と同様な国民の自治や自由を唱えたことで処罰された。トランプ政権はただちに中国政府のこの弾圧的措置に対して制裁を加え、中国の責任機関のアメリカ国内での資産などを凍結するべきだ。中国政府の今回の残酷な措置への責任追及をアメリカの対中政策全体へと反映させねばならない」

アメリカを拠点とする「中国人権」や「アムネスティー・インターナショナル」のような国際人権団体も同様に厳しい非難を表明した。

たとえば「中国人権」は二〇一七年七月十三日、シャロン・ホム会長名での声明を出し、世界各国が中国政府の責任を追及することを訴えた。その声明の骨子は以下のようだった。

「中国政府が平和的な方法での中国の民主化を説く劉暁波氏を、その熱望だけを理由に拘束し、適切な医療を与えないことで命までを奪ったという行為は、共産党政権の卑劣さと道義欠落を証明した」

「中国政府はいまや劉氏に対する獄中での医療措置の実態を詳しく公表し、彼の肝臓癌の病状をなぜ末期となるまで明らかにしなかったのか、さらにはなぜ劉氏の最後の願いだった国外での治療を認めなかったのか、公表する責務がある」

「各国政府、そして国際社会はいまや中国政府に対して劉氏の未亡人となった劉霞氏の軟禁を解き、行動の自由を認めることを強く求めるべきである。同時に各国政府は中国に劉氏の死の経緯の詳細の公表を迫るべきだ」

劉暁波氏に対する措置で噴出した国際社会の怒り

トランプ大統領もすぐに声明を出していた。

「中国のノーベル平和賞受賞者で高名な政治犯の劉暁波氏の死を深く悲しむ。心からの哀悼の意を劉霞未亡人とその家族、友人に捧げたい。劉氏は民主主義と自由の勇気ある推進者だった」

この声明には中国政府への直接の非難がなかった。トランプ政権のティラーソン国務長官が同時に声明を出し、中国政府に対して劉霞氏の自由な出国をすぐに認めるよう求めてはいたが、ここにも中国政府のむごい措置への糾弾は表明されていなかった。

トランプ大統領はこの時期、フランスを訪問しており、現地での記者会見で記者の質問に答える形で中国の習近平主席を「彼は依然、私の友人だ」と述べた。この発言はワシントン・ポストなどアメリカのメディアの厳しい批判の的となった。劉氏をむごたらしく死に追いやった中国政府の最高責任者である習主席に対してなんの非難の言葉もないことは不適切という批判だった。

しかしトランプ政権全体としては、政府高官たちが議会の超党派の憤りにうながされるように中国政府に対する強硬な非難を述べるようになっていった。政権全体として明らかに劉暁波事件での衝撃を対中政策に反映させていかねばならないとする思考を明らかにしていた。トランプ政権の対中政策全体においても、人権問題が重要な一部となっていったのだ。その最大の契機が劉暁波氏の死だったのである。

アメリカの新聞やテレビも劉暁波氏の悲痛な死を大々的に報道し、中国政府の苛酷な措置を糾弾する主張を打ち出した。

その一例として大手紙のウォールストリート・ジャーナルは七月十三日の評論で次のように述べていた。

「中国政府が劉暁波氏の治療のための出国を拒否したことには恥ずべき理由がある。もし彼が外国に出れば、獄中での医療に関する状況、とくに当局が彼の肝炎の治療をあえてしなかったことを語るだろうという見通しを恐れたのだ。劉氏の肝炎はまちがいなく肝臓癌の原因だった。早い時期に適切な医療措置がとられれば、彼は必ずや生きながらえただろう」

「劉氏の信念だけを理由に彼を投獄し、しかも獄中での適切な治療をあえてしなかった中国政府は、もう世界に向かって自国の主張を信用せよと求めることはできない。いまや世界は、中国での最も重要な民主主義活動家だった劉氏が人生の最後に自分自身の中国での闘争について自由に語るのを聞くという機会を失ったのだ」

とにかくアメリカ全体が怒っているのである。政府や議会の当局も、メディアも、民間一般も、中国政府への深く強い憤慨をぶつけていたのだといえる。

以上のような米側の動きを総括すると、中国に対するその非難の対象は次のような具体的な項目に区分することができる。

①中国当局が劉暁波氏の民主主義活動をそもそも犯罪と断じて懲役十一年の重刑に処したことの不当性。

②劉氏が明らかに服役中に病気となったのに、末期癌が確実になるまで適切な医療措置をとらなかったことの非人道性。

③劉氏の末期癌による死が確実となり、本人がドイツでの治療を希望したのに応じなかった苛酷さ。
④劉氏の妻、劉霞氏をさまざまな形で弾圧し、軟禁状態にして自由を奪った残虐性。
⑤劉氏の獄中での病状や対処に関する情報を一切、開示しない閉鎖性。
⑥劉氏の遺体の扱い方が遺族の意思を最大限に尊重したとは思えない抑圧性。

以上のような反応から明白なのは、アメリカを中心とする国際社会からの中国共産党政権に対する強い不信や抗議である。その基盤では中国政府が今回の劉氏の死で期せずして示した独裁性、非人道性があらわになったわけだ。中国政府がそして「人権尊重」や「法の支配」という国際的に普遍の価値とされる基本原則をそもそも無視している現実もいやというほど示されたのだ。

習氏が国家主席になって激化した民主活動家への残虐性

中国政府の苛酷さは劉暁波事件だけに限らなかった。

中国での人権弾圧の実態を継続的に監視している国際人権擁護組織の「中国人権」「人権保護者」「人権ウォッチ」などの代表は、劉暁波氏の死を契機に中国の刑務所や収容所での医療の実態についてあいついで見解を発表した。

これら人権組織はワシントンに本部をおく場合が多いが、中国国内の協力者とも密接な連絡を保ち、人権弾圧に関する最新の状況をモニターしているという。

これら組織はまず以下の調査結果について報告していた。
・二〇一一年に上海の刑務所内の医療施設についての調査で、所内の医療担当者の約三割が「収容者が体調を崩した場合、その収容者が犯した犯罪の内容によって、診断や治療の内容も異なってくる」ことを認めた。
・二〇一五年の調査報告書では、拘留経験のある中国人たちの大多数が「刑務所内の医療施設は一般の基準では最低の水準」だと答え、「原則として所内で病気となった場合、重症者も外部での治療は認められない」とも回答した。
以上のような基本の考察からこれら諸組織は次のような見解を発表していた。
「中国当局はとくに共産党の政治体制自体に挑戦した政治犯に対しては、睡眠の制限、食事の制限、場合によっては拷問などにより体力低下、栄養不良などの状態をあえてつくり、病気となっても必要な治療をしない姿勢をみせて、民主活動家たちへの威嚇や警告としている」（「人権保護者」のフランシス・イブ代表）
これら組織は中国当局の民主活動家らへのこうした措置は、習近平氏が国家主席となってからとくに激しくなった、とも指摘する。そのうえで過去のこの種の措置の犠牲者として以下のような実例をあげていた。

・二〇一四年に北京市の収容所に拘束されていた人権活動家の弁護士、曹順利氏は結核や肝臓疾患にかかり、治療のための一時釈放を求めたが、拒まれ、所内で死亡した。

・二〇一五年に成都市の刑務所に拘束されていたチベットの宗教指導者テンジン・デレク・リンポチェ師は心臓疾患の治療を所外に求めたが、拒否されて、所内で死亡した。

以上の両人物とも中国共産党政権の一般への人権弾圧やチベットでの民族浄化的な弾圧への反対運動を指導し、国際的にも広く認知されたリーダーだった。その二人がそれぞれ五十二歳、六十五歳という年齢で獄中で病死するという悲劇の背後には中国当局の医療という領域での残酷な抑圧があった、というのである。

さらに民主化や人権尊重への訴えで活動し、中国当局に逮捕され、いま現在、拘留されている人たちの健康状態が当局の作為により危険にさらされる実例としてはニューヨーク・タイムズが二〇一七年七月十日付の記事で報道していた。いずれも家族や友人たちからの直接の情報だという。

・民主活動家で言論人の楊茂東氏（ペンネームは郭飛雄）はいま広東省内の刑務所で懲役六年の刑に服しているが、虐待と睡眠収奪とで体力を失い、体重も入所時の半分以下となって、歩行も困難となった。

・人権活動家の弁護士の唐荊陵氏も広東省の刑務所で懲役五年の刑に服しているが、二〇一七年六月に心臓の激しい痛みを覚えて治療を求めたものの、当局側は拒否した。

こうした実例を人権擁護組織の代表たちは「中国政府の民主活動家への獄中の医療関連措置には明らかに虐待を目的とする一定のパターンがある。劉暁波氏もそのパターンの犠牲者だった」という見解を強調していた。

「グローバル・中国」の疑いなき危険性

このような国際的な展開の結果、中国当局の行動はいま進めるグローバルな影響力の拡大にも暗い影を投げかけることは確実である。国際社会からの中国共産党政権に対する強い不信や抗議のもたらす変化だといえる。変化は単にアメリカと中国との二国間関係に留まらず、より広範な国際的波紋を広げていくのだ。

中国政府が劉氏の死で期せずして示した独裁性、非人道性は「人権尊重」や「法の支配」という国際的に普遍の価値とされる基本原則を踏みにじることが明白だからだ。

こうした普遍的な価値の無視という実態は中国がいま超大国の立場を目指し、対外的に多角な拡張を図るという試みには大きなブレーキとなるだろう。

中国は最近、とくに習近平主席の野心的な政策の下に、「一帯一路」とか「アジアインフラ投資銀行（ＡＩＩＢ）」という国際的構想を推進し始めた。その核心は中国の主導の下に他の諸国との多様な連帯や協力を深めることで、中国自体の国際的な影響力を強化していく戦略だといえる。

そうした国際的な連携の拡大では、関係各国がどこまで共通の価値観を共有できるかが大きなカギとなる。現在の世界での共通的な価値観といえば、やはり民主主義、法の支配、人権尊重、人道主義などとなる。そうした共通要因を中国政府は持ち合わせていないどころか、敵視に近い反発までみせることを改めて実証したのが劉暁波死亡事件だった。

だから彼の死が中国政府の対外戦略全体にまで暗い影を投げかけるわけである。

一方、その中国の対外戦略に「国際協調」「グローバル化」という概念の下に協力するという道を選ぶことを考える他の諸国にとっても、この新グローバル・パワーともみえる中華人民共和国の本質とはなにかを知ることは不可欠である。その本質を明示したのが劉暁波氏の死として映るだろう。

こうしたグローバルな側面に焦点を合わせた米側での論評の一つを紹介しよう。

やはりウォールストリート・ジャーナルが七月十三日に掲載した社説だった。前述の同紙の記事はあくまで評論の一つだったが、こちらの論評は同紙自体の主張を述べた社説である。

その社説の骨子は以下のようだった。

「劉暁波氏の死は全世界にとって、中国政府の人権弾圧に注意を向けていかねばならない責務があることとの警鐘である。中国はいまや自国の政治を改革することなく、対外的に膨張する経済力と軍事的な威力によって、自国の専制独裁的な政治モデルを広げようとしているのだ」

「国際社会はいま中国政府に対して、劉氏と同じ自由への闘争をしたことで拘束された中国人の人権弁護士たちを解放させるように圧力をかけねばならない。そうした圧力は中国の一般国民の利益にかなう。そしてその圧力は、同時に中国の非民主的な政権がいま覆そうとしている規則に基づく民主的な国際秩序をも利するのである」

以上は同社説の一部だが、今回の悲劇が単に人間的、人道主義的な問題だけではなく、国際秩序のあり方というところにまで広がる点を強調しているのである。

中国はいかに国際的に影響力を広げても、既存の普遍的な価値観は尊重していくだろうという希望的な見解がアメリカでも日本でも一部には存在してきた。

だが、この社説はそうした見解を真っ向から否定し、中国は対外的な膨張によって、民主主義や法の支配に基づく既存の国際秩序を崩そうとしている、とまで指摘するのだ。明らかにグローバル・中国の危険性への警告だといえる。

こうした警告は日本にとっても中国との二国間関係のあり方、そして国際関係での中国とのつきあい方を考えるうえでも重要な指針となろう。中国とはどんな国家なのか、という指針にほかならない。

第6章

アメリカに挑む中国

コーツ国家情報長官が発表したトランプ政権の全世界脅威観

中国が、戦後のアメリカが長い年月をかけて先導し築いてきた国際秩序の再編を、試みようとしている。あるいは、アメリカ主導の国際秩序の侵食、さらには崩壊を狙っている。まさしく中国の歴史的なチャレンジである。

いまの米中関係のうねりはこんな実態であることを、これまで説明してきた。本章では、そうした中国の挑戦が具体的にはどんな形をとるのか、そして受けて立つアメリカはその挑戦をどう認識し、どう反応するのか、を中心に報告しよう。

アメリカにとって二〇一八年は東西冷戦の終結以来、他国との戦争の危険が最も高くなる年であり、最も切迫した脅威は北朝鮮から、中期、長期には中国とロシアからの挑戦が最も現実の戦争の脅威を高めている。なかでも中国の動きは最も潜在的リスクが高い……トランプ政権のこうしたグローバル・レベルでの脅威の最新の認識が明らかにされた。

二〇一八年二月の時点での認識である。

この脅威認識は同二月中旬のアメリカ議会上院情報特別委員会が開いた公聴会において、同政権の情報諸機関を代表するダン・コーツ国家情報長官によって発表された。「世界規模の脅威」と題された同公聴会には同国家情報長官をはじめ、中央情報局（CIA）、国家安全保障局（NSA），国防情報局（DIA），連邦捜査局（FBI）など主要情報諜報機関のトップがすべて出席し、証言した。

その総括役を務めたコーツ長官は「アメリカ情報諸機関による世界規模の脅威評価」と題する報告書の内容を証言として公表した。この評価はアメリカにとっての外部からの脅威を包括的に特徴づけており、トランプ政権の公式の全世界脅威観とも呼べる。

その脅威の主役が中国なのである。

コーツ長官はまず世界の現状として「大国同士をも含む国家間の衝突の危険は二〇一八年の現在、東西冷戦の終結以来、最も高くなった」と総括し、その理由として「世界の主要諸国や地域的な侵略性の強い諸国がアメリカの対外政策の新たな優先順位の調整からも生じた複雑な国際潮流を利用する」ことで、自国の野望を追求しようとする状況を指摘した。

「対外政策の新たな優先順位の調整からも生じた」という表現は意味が深い。アメリカ自身の対外政策の優先順位が変わることによって他の諸国からアメリカへの脅威が生まれた、ということなのだ。オバマ政権のころの対外宥和政策を指しているという解釈が妥当だろう。

コーツ長官はそのうえで、「本年の地域的な国家間の衝突の最も切迫した脅威は北朝鮮から発せられている」と断言した。

同長官は同時にアメリカにとって中期、長期のより大きな脅威として中国とロシアをあげ、それぞれの大量破壊兵器やサイバー攻撃の能力の大幅な増強をもテコにして、アメリカ主導の既成の国際秩序を覆そうとする野望を指摘した。

コーツ長官の「脅威評価」は中国とロシアについては以下の骨子を述べていた。

・中国とロシアはそれぞれ自国の影響力を国際的に広げ、アメリカの国際的な魅力や影響力を減らそうと意図している。そのため年来のアメリカの同盟国や友好国にとってアメリカの現在の国際的な秩序の維持や防衛誓約の保持に対する不信をあおり、対米政策を変えさせようと企図している。

・中国とロシアはこの野望の実現のために軍事力を含むあらゆるパワーを使い、国際社会の年来の体制と安定を崩し、規則に基づく国際秩序を侵食しようとする。両国はとくに安全保障面での従来のアメリカ主導の同盟関係を崩して、新たなパワー・ブロックを結成しようと図っている。

・中国は世界規模の野望の裏づけのように、核戦力では敵の攻撃に対して生存度の高い地上移動用と地下サイロの戦略核ミサイルを大幅に増強している。中国軍は核弾道ミサイル搭載の潜水艦ＪＬ２の開発を進める一方、同様の核ミサイル装備の原子力潜水艦晋級の追加の建設をも急いでいる。これらの動きは核戦力面でのアメリカへの脅威を増す。

コーツ長官は中国とロシアのこの種の動向や意図が中期的、長期的にはアメリカにとって最大の脅威となっていくと明言する一方、より切迫した脅威として北朝鮮の各種の動向を以下のように指摘した。

この指摘は中国のアメリカに対する挑戦からは話がやや外れるが、トランプ政権の東アジアの脅威の認識ということで、日本への影響をも大きく、ここで紹介しておこう。

・北朝鮮は二〇一八年にはアメリカにとっても最も予測の困難で敵対性の高い大量破壊兵器の脅威を突きつけている。北朝鮮のイランやシリアへの弾道ミサイル技術の輸出、シリアの核施設への支援などの過去の行動は大量破壊兵器を国際的に拡散し、危険を広げる国家の本質を証明している。

・二〇一七年に北朝鮮は大陸間弾道ミサイル（ＩＣＢＭ）を含む弾道ミサイルの実験発射を頻繁に断行した。北朝鮮はとくにアメリカへの直接の脅威となる核弾頭搭載の長距離弾道ミサイルの開発を宣言する一方、第六回目の核実験を実行し、アメリカへの直接の軍事攻撃の危険をも誇示している。

・北朝鮮は核兵器以外の化学兵器、生物兵器という大量破壊兵器をも保有しており、それら兵器の威力を宣伝しての威嚇、国際的な合意や規則の完全な否定、好戦的な軍事言動、サイバー攻撃能力強化は北朝鮮内部の不安定も加わって、アメリカの国家安全保障にとって切迫した脅威となっている。

コーツ長官は以上のように北朝鮮のアメリカや国際社会にとっての切迫した脅威を説明した。同時に同長官は、北朝鮮の軍事脅威は核兵器などの大量破壊兵器に限られず、非核の通常兵器をも増強し、その結果、日本や韓国への軍事脅威が高まっていることをも強調した。以下の骨子だった。

・北朝鮮の通常戦力能力の近代化による改善は日本と韓国にとって深刻かつ拡大する脅威となり続けている。金正恩委員長は自国の軍隊の多数の内部の欠陥やチャレンジにもかかわらず、通常戦力での攻撃手段をも拡大し続ける動きをみせている。

・北朝鮮軍の通常戦力強化の内容は通常兵器部隊の訓練の合理化、中・長距離砲の改善、短距離弾道ミサイルの強化などで、いずれも北朝鮮が韓国や日本の軍事拠点、そして日韓領内の米軍基地をスピーディーに攻撃することを目的としている。

コーツ長官のこの指摘は、日本にとって重要である。北朝鮮の核以外の戦力の攻撃目標には日本も含まれているという現実を日本側でも真剣に受け止めておくべきであることはいうまでもあるまい。

アメリカのこうした北朝鮮の脅威への認識も最近の米朝首脳会談を目指しての金正恩委員長の「和平攻勢」をみると、けげんにさえ映るかもしれない。しかし北朝鮮は現実の行動ではその脅威を除く措置はとってはいないのである。

日本の安全保障に巨大な影響を及ぼす中ロ軍事協力

論題を中国の脅威にもどそう。

アメリカにとっての不安定要因は北朝鮮だけではない。これまでも述べてきたように、現状打破勢力の筆頭は中国であり、その中国がロシアと手を結んでいるようにみえる状況がアメリカや日本にとってのきわめて深刻な事態なのである。

しかも中国、ロシアの両国とも、いまの北朝鮮とは比べものにならないほどの強大な軍事力、政治力、そして強固な政治思想をも基盤としてアメリカ主導の国際態勢にチャレンジしようとしているのだ。

最近のワシントンではこの懸念が戦略や外交の権威たちの間で急速に高まってきた。第二次大戦後の世界でいわゆる西側の超大国のアメリカが主導して構築してきた国際秩序は戦後最大の危機を迎えたとする認識である。

実例をさらに紹介していこう。

ワシントンの民主党系の大手研究機関「ブルッキングス研究所」が二〇一七年一月に公表した同研究所上級研究員のロバート・ケーガン氏の論文である。

「自由主義的世界秩序の衰退」と題する同論文は、第二次大戦以降にアメリカ主導で構築し運営してきた自由主義の世界秩序がいまや中国とロシアという反自由主義の軍事力重視の二大国家の挑戦で崩壊への最大の危機を迎えた、と指摘していた。

その原因は、ソ連共産党の一九九一年の崩壊以後の歴代アメリカ大統領が「唯一の超大国」の座に〝安住〟し、とくにオバマ政権が「全世界からの撤退」に等しい軍事忌避の影響力縮小を続けたことだという。

ケーガン氏はアメリカ学界でも有数の国際戦略研究の権威とされ、歴代政権の国務省や国家情報会議などに政策担当の高官としても登用されてきた人物として知られる。

さてこうした背景の下でワシントンではアメリカの未来にとって危険な存在たりうる中国と

ロシアが最近、異様な接近をみせ始めたことが指摘されるようになった。

「中国とロシアが最近、軍事協力を前例のない水準にまで高め、アジア太平洋地域でのアメリカの安全保障態勢に新たな脅威を形成しつつある」

「日本の安全保障にも大きく影響する中国とロシアとの軍事面での急接近で、最悪の場合、中ロ両国が軍事面でも団結してアメリカと対決し、戦いを挑んでくる」

そんな趣旨の報告がアメリカ議会の中国関連の政策諮問機関により発表された。その内容を伝えよう。繰り返しになるが、日本の安全保障にも巨大な影響を及ぼす動きなのだ。

「米中経済安保調査委員会」は二〇一七年三月下旬、「中国とロシアの軍事関係＝高い水準への動き」と題する調査報告書を発表した。同報告書は中ロ両国が二〇一二年ごろから新たな防衛協力を推進するようになったことを指摘していた。

同報告書によると、二〇一七年の時点で中ロ両国の軍事協力はそれまでにない高い水準の規模と質とを示すようになった。

具体的にはその協力の領域は⑴軍事演習⑵軍事技術協力⑶軍部同士の高レベルの接触——の三つだという。

そのうえで同報告書は、アメリカのアジアの安全保障態勢に悪影響を与えかねない中ロ軍事協力の最近の具体例として以下の諸点をあげていた。

・ロシアのスホイ35戦闘機の中国への売却（二〇一六年十二月に始まった同機の売却はアジア太平洋地域での米軍の航空戦力の優位を崩し、さらに中国軍に自国製の高度性能の戦闘機開発に必要な技術を与えることとなる。中国軍にとって同戦闘機の確保は国産の次世代戦闘機の開発のための貴重な基礎となる）

・ロシアのS400地対空ミサイル（SAM）防空システムの中国への売却（二〇一八年に引き渡しが始まる同システムは首都の北京の防空態勢を強化するだけでなく、台湾有事では台湾空軍への新たな脅威となる。また同システムは南シナ海や東シナ海での有事でも日米両国の空軍力への脅威を増す）

・中国、ロシア両国軍の合同軍事演習の複雑化と深化（両国の軍隊にとってそれぞれの防衛目的の追求に有益な体験を加える。同合同演習は戦闘体験のほとんどない中国人民解放軍の近代化目標の追求に対してとくに深い考察と知識を与える）

・中ロ両国軍のミサイル防衛重点の合同演習の地理的な拡大（この動きは中ロ両国の安全保障利益の共有の増大を意味し、相互支援の拡大をも示している。中ロ両国の安保利害の連帯はアメリカやその同盟諸国への挑戦の増大ともなる）

以上のように同報告書は最近の中国とロシアの軍事協力の増大が米側にとっての深刻な脅威の増加であることを強調していた。またその軍事協力の増大の結果、中国が新たに取得するS400地対空ミサイル防空システムが東シナ海での中国側の日本に対する脅威を増すという展望は日本への明白な悪影響だということになる。

しかし同報告書は「この最近の傾向は明らかに中ロ安保協力のレベルアップと関与の質の向上を示し、防衛協力のより強い部分を反映しているが、その一方、両国間の安保関連政策の違いや伝統的な相互不信により両国間の一方が外部から攻撃された際に他方が共同防衛という形で支援するという現在の総合的な同盟関係の成立に至る見通しは少ない」と強調していた。つまり、中ロ軍事同盟はまだない、という意味である。

それでもなお中国とロシアとの従来よりも強い連帯はアジアでのアメリカの安保上の基本利益を侵すことは確実である。その危険は当然、日米同盟の体制をも弱める潜在効果を持つ。したがって、日本としても現在の中国とロシアの防衛面での接近は十二分に監視する必要があるだろう。

早くから否定されていたトランプ政権の「対中取引外交」説

以上のような中国とロシアが接近してのアメリカに対するチャレンジは、実はオバマ政権時代から指摘されていた。オバマ政権の安全保障政策を批判しながら登場してきたトランプ政権に対しては、中国の挑戦がさらに顕著となった。

トランプ政権は、本章の冒頭で紹介したコーツ国家情報長官の「世界の脅威認識」で中国の脅威を強調したその二ヵ月前にすでに同様の警告を公式に発していた。

トランプ大統領自身が二〇一七年十二月十八日に発表した「国家安全保障戦略」である。同戦略は中国をアメリカ主導の国際秩序への最大の挑戦者として特徴づけた点で対中政策の最大支柱ともいえる見解表明だった。この点は本書の冒頭でも触れたとおりである。

同戦略はトランプ政権が長期には中国の膨張を抑えるべく〝対決〟の道を選ぶという対中基本姿勢を明確にした。この姿勢は日本の一部でも語られていたトランプ政権が中国とやがて手を結ぶという「対中取引外交」説を否定する形となった。

この国家安全保障戦略はアメリカの安全保障政策の根幹として、中国とロシアが軍事力や経済力、政治力を拡大して、アメリカ主導のいまの国際秩序を壊し、米側の利益や価値観に反する新たな世界を作ろうとしていることの防止が不可欠だと強調していた。同戦略はなかでもとくに中国をアメリカにとっての長期的な脅威や挑戦の最大の相手として位置づけていたのである。

同戦略は中国について次のような記述でその特徴を定義づけていた。

・中国はインド・太平洋地域でアメリカに取って代わることを意図して、自国の国家主導型経済モデルを国際的に拡大し、地域全体の秩序を中国の好む形に変革しようとしている。中国は自国の野望を他の諸国にも利益をもたらすと宣伝して進めているが、現実にはその動きはインド・太平洋地域の多くの国の主権を圧縮し、中国の覇権を広めることになる。

・ここ数十年にわたりアメリカの対中政策は、中国の台頭と既成の国際秩序への参加を支援すれば、中国を自由化できるという考え方に基礎をおいてきた。だがこのアメリカの期待とは正反対に、中国は他の諸国の主権を侵害するという方法で自国のパワーを拡大してきた。中国は標的とする他の諸国の情報をかつてない規模で取得し、悪用し、自国側の汚職や国民監視をも含む独裁支配システムの要素を国際的に拡散してきた。

・中国は全世界でもアメリカに次ぐ強力で大規模な軍隊を築いている。その核戦力は拡張し、多様化している。中国の軍事近代化と経済拡張は大きな部分、アメリカの軍事や経済からの〝収奪〟の結果である。中国の急速な軍事増強の主要目的の一つはアメリカのアジア地域へのアクセスを制限し、中国側に行動の自由を与えることである。
・中国は他の諸国を中国の政治や安保の政策に従わせるために、経済面での報酬や懲罰を使いわけ、秘密の影響力行使工作や軍事力の威嚇をもその手段としている。インフラ投資や貿易戦略は地政学的な野望の手段となっている。南シナ海での中国の拠点の建造とその軍事化は貿易のための自由航行に危険を及ぼし、他の諸国の主権を脅かし、地域の安定を侵害する。

トランプ大統領の国家安全保障戦略は中国について以上のように述べていた。そしてアメリカとその同盟諸国の対応については以下の点を強調していた。

・インド・太平洋地域の諸国はその主権と独立を守るために中国に対する集団防衛態勢をアメリカが主導し、推進し、さらに継続することを強く求めている。

つまり中国はアジア・太平洋地域全体での脅威であり、他の諸国の主権や独立を侵害しようとする危険な存在であって、アメリカはその中国の脅威を受ける諸国を集めて、集団での対中防衛、対中抑止の態勢を保たねばならない、というのである。

こうした宣言はトランプ政権がいまの中国を長期的にみてアメリカにとっての最大の対抗相

手、潜在敵だとみなしていることの表れだといえよう。それはひとえに中国側がアメリカに攻勢をかけ、敵視の基本姿勢をつぎつぎにあらわにしてきたことの反映だろう。

だからこの国家安全保障戦略は、中国をアメリカにとっての最大の脅威と位置づけることによって、日本側の一部に残っていた「米中融和」や「米中蜜月」という推測を否定したといえよう。

日米で対照的な「一帯一路」をめぐる論議

中国のアメリカに対するチャレンジは多様な形をとる。一見、挑戦とも攻勢ともみえない動きもある。たとえば習近平氏の好きな「中国の夢」という大構想もその言葉自体は攻撃的なひびきはまったくない。だが内容を考察してみると、ギラギラした要素やとげとげしい局面が存在するのである。

「一帯一路」という構想も同様な傾向がある。

中国の「一帯一路」構想は日本でも熱い論議を集め始めた。習近平政権が進めるインフラ建設国際計画の一帯一路に日本でも参加への関心が高まってきた観がある。だがこの参加か不参加をめぐる日本での議論はまず経済効果だけに集中している。軍事や安保、政治という面からの考慮がまず語られないのだ。

この点、アメリカの対応は対照的である。

一帯一路の経済利益は提起しながらも、その軍事的な意味をも警戒や懸念をもって議論するからだ。中国のこの大規模な構想に加わることは中国の軍事的な能力や戦略を利して、結局、日本を含むアメリカ陣営を脅かすことにもなりかねない、という警告が官民の専門家たちから表明されている。

「一帯一路はインド洋やユーラシア大陸での中国の勢力圏を拡大するだけでなく、中国人民解放軍の能力を高め、中国型の非民主主義的な国際秩序の推進になる」――。

こうした意見がアメリカ議会の政策諮問機関「米中経済安保調査委員会」の二〇一八年一月二十五日の公聴会であいついで表明された。同委員会が開いたこの公聴会は「中国の一帯一路構想の経済的、軍事的意味」と題されていた。

同公聴会での合計九人の専門家の証言とそれに対応する議員側の発言では一帯一路の軍事的、安全保障面での意味に最大の重点がおかれた。日本での経済的な〝効用〟だけを論じる対応とは対照的なのだ。

中国式の「非自由」、「非開放」の秩序の先導役を務める一帯一路

ここでは以上のうち三人の専門家が語った一帯一路の軍事的意味についての見解を紹介しよ

う。

第一は国防総省付属の国防大学教授ジョエル・ワスナウ氏の証言である。同氏は同大学の中国軍事問題研究センターに所属する。その証言の骨子は次のようだった。

【戦略的な大望】中国当局は一帯一路を純経済的なウィンウィン構想としてどの国も利益を得るかのように提示するが、中国側の専門家はこの構想を第二次大戦直後にアメリカが西欧諸国を援助して、自国の影響を拡大した「マーシャル・プラン」にたとえ、ユーラシア大陸やインド洋での中国の覇権確立という目標をも語っている。

この構想は中国の包括的な国力を総動員してのグローバル規模な大戦略であり、最終目的は中国の影響力の拡大と国際秩序の〝再編成〟にある。

【アメリカの影響力の侵食】中国側は公式には一帯一路の意図についてアメリカとの衝突や対立を避ける言明を続けているが、国内の議論ではこの構想を「西方への行進」とも評し、ユーラシア大陸にはアメリカの軍事的、戦略的なパワーが不在なことに言及することが多い。

中国にとってアメリカとの戦略的な競争は当面、負担が大き過ぎるため、アメリカの戦略的存在の〝空白部分〟を狙っての進出が賢明となる。中央アジアはまさにその典型であり、中国はその地域の各国との戦略のきずなを一帯一路で強めようとする。その一例は中国がカザフスタンとの間で進める鉄道建設で、その計画から二国間の「総合的戦略パートナーシップ」をうたうところまで進んだ。

ワスナウ教授は以上のように中国当局は一帯一路を決して単なる経済開発だけとして位置づけてはいないという基本を強調するのだった。

第二の証言者は民間研究機関「新アメリカ安全保障センター」の上級研究員ダニエル・キルマン氏である。同氏が強調した点は以下だった。

【戦略的、軍事的狙い】一帯一路は経済目的以外に習近平氏の「中国の復活」「アジアでの覇権からグローバルの主導権へ」「アメリカ主導の国際秩序への挑戦」などの意図を明らかに含んでいる。そのためにはまず中国人民解放軍のパワー・プロジェクション（遠隔地への兵力投入）能力の拡大が必要となり、現実にそのための措置がとられている。

【米軍の作戦への影響】一帯一路にともなう中国軍の行動拡大により、米軍の従来の東アジアやインド洋での作戦が影響を受け、複雑化を迫られる。たとえばインド洋への中国の潜水艦隊の進出や、一帯一路を利用しての東アジアでの米軍に対する有事接近阻止（Ａ２／ＡＤ）能力の増強などが予測される。

キルマン氏も一帯一路の持つ純軍事的な意味あいを力説するのだった。

第三の証言者は「外交関係評議会」の中国研究専門の上級研究員エリ・ラトナー氏である。外交関係評議会は民間の超党派の大手シンクタンクである。同氏の証言の重点は以下のようだった。

【米中両国の競合】米中両国はいまアジア全域で戦略的な競合状態にあり、その競合の結果はこんごの何十年もの国際関係での規則、規範、制度のあり方を決めることになる。中国が優位に立てば、アジアでのアメリカ主導のリベラル秩序が崩れ、中国式の「非自由」、「非開放」の秩序が築かれかねない。中国側は一帯一路にその意図をこめている。

だがアメリカの歴代政権は一帯一路を真剣に受けとめず、中国の単なる経済発展計画としてとらえてきた。この対応は〝危険〟である。アメリカはなおアジアなどでの中国の非民主的な秩序の拡大を防ぐ能力を保有しており、そのための行動をとるべきだ。

【中国軍の海外軍事駐在】中国軍は一帯一路を利用して海外基地の増強を目指している。その形態としては中国軍が一帯一路の重要プロジェクト防衛のために外国の特定地域に派遣される、あるいは逆に外国政府が自国内での一帯一路プロジェクト防衛のために、中国軍の駐留を求める、ことも考えられる。さらには中国が外国への投資や債権放棄と引き換えに軍事利用も可能な港や空港の使用権を得るという事態がすでにスリランカやミャンマーで起きている。

中国軍は現在は海外での自軍を長期間、機能させる能力に欠けるが、その状況は訓練、ドクトリン、海外基地使用などの改善ですぐに変わりうる。中国軍はとくにインド洋での新たな基地の獲得で潜水艦戦力や対潜水艦戦闘能力を向上させることを意図している。その結果、インドへの脅威を増大させ、さらにインド洋の海上輸送路の保護や妨害が容易となる。この種の動きは一帯一路と並行して進みうる。

ラトナー氏はこの証言で最大の警告として一帯一路が中国の構想どおりに進めば、ユーラシア全体に非リベラルの地域的安全保障の秩序が築かれていく見通しが強いことを強調したのだった。日本としても十二分に留意すべき警告だといえよう。

すでにFBIの捜査対象となっている「孔子学院」

中国はアメリカ国内においても果敢な攻勢をかけている。中国側の思想や政策をアメリカ各地の大学を通じて広めようとする活動である。その手段として「孔子学院」という機関が使われている。

アメリカの連邦捜査局（ＦＢＩ）がアメリカ国内で活動する中国政府対外機関の「孔子学院」をスパイ活動やプロパガンダ活動など違法行為にかかわっている疑いで捜査の対象としていることが議会の公式の場で明らかにされた。

二〇一八年二月中旬のことである。

孔子学院は日本の主要大学でも中国の言語や文化、歴史を広めるという活動を展開している。だから他人事ではないのだ。

この捜査の報告は同年二月十三日、アメリカ連邦議会上院の情報委員会の公聴会でクリストファー・ライＦＢＩ長官自身によって言明された。

ライ長官は同委員会の主要メンバーのマルコ・ルビオ議員らの質問に答えた。ルビオ議員は、地元選挙区のフロリダ州での孔子学院は中国政府の命令により、アメリカの大学に影響力を行使し、中国の共産主義思想などを広めるとともに、その関係者を使ってのスパイ活動を働いている疑いがある、と主張した。

ライ長官は次のような骨子の証言をした。

・中国政府はアメリカ国内の大学などに設けた孔子学院を利用して、中国共産党思想のプロパガンダ的な拡大だけでなく、アメリカ政府関連の情報までも違法に入手するスパイ活動にかかわっている容疑があり、ＦＢＩとしてすでに捜査を開始した。

・孔子学院は中国の言語や文化の指導を建前としているが、現実には中国共産党政権の指揮下にある機関としてアメリカなど開設相手国の中国人留学生を監視し、とくに中国の民主化や人権擁護の運動にかかわる在米中国人の動向を探る手段とされている。

・中国側はアメリカでの学問の自由や大学の開放性を利用する形で主要大学などに食い込み、アメリカ人学生への思想的な影響行使のほか、中国人留学生をひそかに組織して民主化運動に走る中国人学生を取り締まっている。

アメリカでは孔子学院が全米的に広がりをみせた後、ここ数年はいくつかの大学で政治的な問題を起こし、閉鎖を命じられるケースも増えていた。シカゴ大学では大学当局が一度は学内に開設を認めた孔子学院を二〇一四年に閉鎖した。

だがＦＢＩ長官が公式の場で孔子学院自体を〝捜査〟の対象としていると言明したことの意味は大きい。

日本でも孔子学院は早稲田大学、立命館大学、桜美林大学など十校以上の主要大学に開設されているという。

米陸軍委託のランド研究所による二〇二五年までの「中国との戦争」

中国がアメリカ主導の国際秩序を壊そうとする。アメリカが反撃する。この米中対立の構図はこんごどうなっていくのか。

最も極端な展望は戦争だろう。

アメリカと中国が全面戦争に突入する――。まさか、そんな事態が起きるはずがない。だがそれでもなお米中戦争のシナリオがアメリカの首都ワシントンで真剣に語られるようになった。日本側としても重大に受けとめざるをえない。

しかもこの米中戦争の可能性はトランプ政権の登場前、オバマ政権の終わりに近い二〇一六年夏に体系的な研究報告書という形をとって、世に出てきたのだ。

米中両国とも核兵器保有の大国である。しかも世界で第一と第二の経済大国でもある。そんな両国が戦争となれば、もう第三次世界大戦にも等しいだろう。

そもそも米中両国は対立点こそあるが、その一方で経済面などでの相互依存の協力関係も幅広い。その両国が戦争に突入するなど、いかに仮定の話でも、あまりに現実からかけ離れたシナリオにもみえる。

しかし二〇一六年八月、アメリカの民間で最有力とされる安全保障研究機関「ランド研究所」が「中国との戦争」というタイトルの研究報告書を公表したのだった。しかもその研究自体がアメリカ陸軍の委託でなされたのだという。

アメリカと中国との対立にはこれほどの危険で過激な潜在要因が存在するということだろう。

報告書の副題は「考えられないことを考える」と記されていた。明らかに、起きてはならないことを起こさないためにも、最悪のまた最悪の事態を仮定して考えておく、という発想だろう。アメリカではよくある抑止の思考だともいえる。

日本での反応となれば、まずは「米中戦争なんて」と顔をそむけるのが平均だろう。だが米中戦争を忌み嫌う向きにこそ、ぜひとも知ってもらいたい報告書である。とくにこの報告書のシナリオでは米中戦争という事態はわが日本の〝存続〟そのものを左右することになるからである。

逆に報告書は、日本の動きこそが米中戦争全体の帰趨を左右するという点を強調していた。要するにアメリカと中国がどんな形にせよ、いざ戦うというときには、わが日本は常にその戦争の当事国に近い立ち位置にあるということなのである。

だから日本としても米側のこの種の研究を重視せざるをえないことになるのだ。

この報告書はランド研究所による大規模な調査と研究に基づいていた。だが、「ウォー・ゲーム」という言葉に象徴されるような、いわゆるシミュレーション（模擬演習）の結果の報告ではない。高水準の専門家集団が膨大なデータを駆使し、知力と体験を投入して、調査、分析、予測に長時間をかけた結果、出てきた結論を公表するという方法だった。

その結果の最終完成品としては約百二十ページのレポートとなった。米中両国間のこんご約十年間、二〇二五年までの状況の予測を基礎とする有事研究だった。

常に潜在する軍事力使用の可能性

なぜ米中戦争が起きうるのか？

報告書は米中戦争の原因を次のように述べていた。

・米中両国は軍事的な対決や衝突につながりうる地域紛争での対立案件を抱えている。そしてそれら地域周辺に両国とも大規模な軍事力を配備している。このため偶発的な摩擦が起きた際、あるいは危機の深くなった際には、両国いずれにとっても、攻撃される前に攻撃に出ることへの動機が強く存在する。

・現実に米中両国は陸海空、宇宙、サイバー空間などの広大な領域で戦闘をするのに必要な兵力、技術、工業力、要員を十分に保有している。したがって、米中戦争は大規模で代償の大きい戦闘も含めて、単に『考えられる』というだけでなく、実際の思考が必要とされる可能性なのである。

アメリカと中国はまちがいなく対立している。南シナ海での海洋紛争が最大例である。東シナ海の尖閣諸島への中国の威圧的な攻勢もアメリカの立場とは対立する。

さらにさかのぼれば、台湾への姿勢でも米中両国は対立する。その背景には自由民主主義と一党独裁共産主義と、相反する二つの政治システムの基本的な断層が存在する。

これらの対立案件について米中両国がいずれも軍事力を使って対処する可能性は、少なくとも理論的にはいつも現存する。

軍事力を実際に使うか、あるいは使うぞと威嚇して、自国側の主張を通す、相手側の主張を後退させるという可能性である。

さらに現実的なのは米中両国いずれもが、自国は軍事力を使う意図はなくても、ひょっとすると相手が先に軍事力を使って、自国の主張を通そうとするのではないかという警戒心を確実に抱いていることだろう。たとえ疑心暗鬼であっても、その警戒や懸念は常に存在するからにほかならない。

となると、相手が軍事力を使いそうならば、こちらが先に攻撃してその危険を取り除いてしまおうという発想もそこに生まれるわけである。

アメリカではそうした認識に基づく戦争を想定しての、この種の有事研究は恒常的になされている。「戦争を起こしてはならない」という前提や「どのように防ぐか」という意図の下に常時、なされているのだといえる。

アメリカでは同時に自国防衛のための戦争や、オバマ大統領さえ説いた「正義の戦争」の必要性は広く認知されている。

その一方、中国側も国益を守るための戦争は起こりうるという認識は堂々と示している。自国の領土でも利権でも、その防衛のためには戦争をも辞さないという基本思想をいやというほど誇示しているのだ。

長期戦になれば膠着状態

こうした前提を基礎に同報告書の具体的な内容をみていこう。

米中戦争はどのような契機で、どのように起きるのか。同報告書はその契機として以下のようなケースをあげていた。

(1)東シナ海の尖閣諸島などをめぐる日中両国の軍事摩擦。
(2)南シナ海での中国のフィリピンやベトナムへの軍事威圧。
(3)北朝鮮の政権崩壊による米中双方の朝鮮半島軍事介入。
(4)中国の台湾に対する軍事的な攻撃あるいは威嚇。
(5)排他的経済水域（EEZ）やその上空での艦艇、航空機の事故的な被害。

以上のような小規模な軍事的摩擦や衝突が米中両国の戦争へとエスカレートしうるというの

だった。

ではそうした場合の米中戦争はどのような戦いとなるのか。

報告書はもし米中戦争が起きた場合のその形態や地域について次のように予測していた。

(1)米中戦争は非核の通常兵器での戦闘となる。

(2)戦闘は主として水上艦艇、潜水艦、航空機、ミサイル、さらに宇宙とサイバーのハイテクの戦いとなる。

(3)戦闘は東アジアで始まり、東アジアで続くが、西太平洋の広大な地域も戦場となる。

米中両軍の戦闘は日本の尖閣諸島、さらには東シナ海、南シナ海、台湾海峡、朝鮮半島などで起きるとみられるが、西太平洋のより広い水域、空域に広がることも予測される。

中国がアメリカ本土への攻撃に出る可能性は低い。遠距離攻撃の能力の不十分さやその結果としての効用の限度がその理由となる。逆にアメリカが中国本土に対しては激しい攻撃を加える見通しが強い。しかし、米軍が中国本土での地上戦闘を展開することはまずない。

以上のような予測のなかで(1)の「非核の通常兵器での戦闘になる」という点は不幸中の幸いのような印象を与える。とくにアメリカ側には対中戦争で核兵器を使わねばならない必要性がない、ということだろう。通常兵器だけでも十分に勝算があるからだろう。

中国側も異なる理由で、核兵器の使用には踏み切らないだろうと予測される。ただし報告書は例外的に中国側が核兵器の使用を考える場合があることをも指摘していた。もし以下のような事態が起きれば、中国の人民解放軍首脳は政治指導部に対して〝核兵器使用〟を提案するだろう、というのだ。

・中国軍全体が完全に壊滅する危険が迫った。
・中国本土の破壊でもう防衛能力がなくなり、政治指導部の破壊も迫ってきた。
・中国の政治、経済の状況が破滅に近く、国家自体の崩壊が現実性を帯びてきた。
・中国軍の大陸間弾道ミサイルなど対米反撃の最後の手段の戦略核戦力が破壊されそうになった。

同報告書はさらに米中戦争でのその戦闘の期間、規模、程度などについて次のように分類していた。

(1)短期で激烈
(2)長期で激烈

⑶短期で軽微
⑷長期で軽微

同報告書は以上の四つのパターンのうち「短期」は数日から数週間、「長期」は一年以上と推定し、ほとんどの場合は米軍の勝利や優勢に終わると予測していた。

しかし米中戦争の勃発の時期が二〇二五年までに向けて先に延びれば延びるほど、中国軍の戦力が相対的に強くなって、「長期」戦では両軍がいずれも決定的な勝利を得られず、膠着状態になる可能性が高くなる、とも指摘していた。

中国軍は米軍の遠隔地からの増援部隊の接近を阻むための「接近阻止・領域拒否」の戦闘能力を着実に強化していくので、米軍の完全勝利は年月が経てば経つほど、難しくなるだろうと解説されていた。

勃発すればほぼ冒頭から戦争当事国となる日本

同報告書はさらに四つの戦争パターンのそれぞれについて、経済や政治など非軍事面での両国の損失を推定し、戦争の帰趨への影響を予測していた。非軍事面においても中国のほうがアメリカよりも消耗や損失がずっと多くなるというのが予測の基調だった。

この報告書でとくに注視されるのは、米中戦争の勃発でも進行でも日本が非常に重要な役割を果たすという点の指摘だった。同報告書は米中戦争の帰趨に関しても日本の動きは「決定的に重要」だという表現までを使っていた。

その日本がらみの「勃発」としては同報告書はすでに述べたように、尖閣諸島をめぐって対立する日中両国の前線の部隊が偶発、あるいは事故のような状態で衝突する可能性を指摘していた。事故が本格的な戦争へとエスカレートする実例は歴史が証明している。そのうえで同報告書は中国側の単に事故に留まらない「誤算」をも契機の可能性としてあげていた。

以下の骨子の記述だった。

・中国は尖閣諸島での日本との対立でアメリカによる日米安保条約に基づく日本防衛、尖閣防衛の誓約を過少評価し、中国軍が尖閣を攻撃しても米軍は介入してこないとの誤算から軍事行動に出る可能性がある。

周知のようにオバマ政権は「尖閣諸島も日米安保条約の適用範囲に入る」と明言した。これをふつうに解釈すれば、尖閣諸島への中国などからの武力攻撃があれば、アメリカは日米安保条約第五条に基づき、日本とともに「共通の危険に対処」するとの誓約を実行するという意味である。だがオバマ政権はそれ以上には、「尖閣諸島を防衛する」とは言明しなかった。

だからもしかすると、アメリカは尖閣諸島への中国の武力攻撃だけでは中国との戦争には踏み切らないかもしれない。現にオバマ政権周辺には「尖閣のような無人島のために中国との全面戦争の危険を冒すようなことは避けるべきだ」という意見もあった。そうした状況を中国が眺めて、アメリカは尖閣防衛のために中国との戦争に突入するようなことはしないだろうと、判断してもおかしくはない。中国のこうした考え方はふつうにみれば、誤算である。だがもしかすると、誤算ではないかもしれない。トランプ政権になっても中国側のこの誤算の可能性は消えないだろう。

しかし同報告書はアメリカと中国がいったん戦争となれば、日本がどんな態度をとろうとも、ほぼ冒頭から戦争の当事国となる見通しも高い、と指摘していた。なぜならアメリカと戦端を開いた中国は冒頭からほぼ〝自動的〟に日本領土へも攻撃をかける可能性が高いからだという。

そのあたりを報告書や次のように述べていた。

・中国はアメリカとの戦争になれば、日本の米軍基地や自衛隊基地を攻撃する確率が高く、その場合には日本はほぼ自動的にアメリカとともに戦うこととなる。
・北朝鮮が中国の「同盟国」として米軍や在日米軍基地にミサイル攻撃を加える可能性があり、

その場合にも日本はアメリカの味方としての立場を明確にする。

米中戦争の勝敗の帰趨について、同報告書は日本の動向が決定的な要素ともなりうるとして以下のような骨子を強調していた。

・米中戦争の際のアメリカの同盟国、友好国の動きはきわめて重要となるが、なかでも日本の役割は決定的となる。とくに二〇二五年近くの米中戦争では日本の潜水艦、水上艦艇、戦闘機、ミサイル、情報・監視・偵察（ＩＳＲ）の能力は米側にとって基本的な有益要因となる。

・米中戦争では戦闘が長引けば長引くほど、日本の軍事面での対米協力の効果は大きくなる。中国側にとっては日本が米軍の消耗の埋め合わせをするようになると、とくに日米連合の部隊と戦うことが難しくなる。米軍は日本の支援のために他の地域の米軍部隊を中国との戦争に転用する必要が減る。

・中国軍は二〇二五年ごろまでには年来の対米軍戦略の基本である「接近阻止・領域拒否」の能力を大幅に高め、米軍の遠隔地からの兵力投入を抑え、対米戦も勝敗のつかない長期戦に持ちこむことができるようになる見通しも強いが、日本の米軍全面支援はこの面での均衡を変え、米軍を有利にする。

「中国との戦争」報告書は以上のような趣旨を述べるのだった。そのうえで「結論」として以下の要旨を強調していた。

・米中戦争での両国にとっての被害は単に軍事面に留まらず、社会や経済、国民全体に測りしれない損害を与える。だから誤算や誤認による戦争勃発の危険を減らすため、米中両軍部間の交流や交信を平時から確実にしておくことが欠かせない。

・しかしアメリカとしては中国との戦争が起こりうることを認識し、そのための戦争遂行能力を高めておくことも欠かせない。現在の見通しでは、米中戦争での米側の勝利は確実だが、被害を少なくするために米側の軍事能力のさらなる強化が必要となる。

同報告書は以上のような結論のうえに、現実の軍事面、政治面、外交面などでの提案を列記していた。そのうちの主要な諸点は以下だった。

・米中間で戦闘が開始されると、ほぼ自動的にその規模がエスカレートするという事態を防ぐために米中軍部間の信頼醸成やホットラインの効用を確実にする。

・その一方、有事での米側の軍事被害を少なくするための対空防衛、ミサイル防衛の能力を着実に高めておく。
・有事の米軍のアジアへの増援部隊の接近を阻む中国側の「接近阻止・領域拒否」の能力を削ぐための攻撃能力を高める。
・日本はじめ同盟諸国にも対中有事を想定しての防衛能力の強化を促す。
・日本などの同盟諸国との共同作戦の準備を強め、とくに日本との間では有事の研究や演習を増やす。

以上を総括すれば、アメリカは米中両国の関係が表面は経済交流などで協調的、友好的にみえても、水面下では厳しい対立の領域を直視して、最悪中の最悪の事態だといえる米中戦争までを想定しているのである。このような米側の現実的な姿勢は日本への警告ともなるだろう。

第7章

日本はどうなるのか？

尖閣危機という国難に直面する日本

中国が東アジアで軍事がらみの攻勢を強める。アメリカに挑戦する。では、日本にはどんな影響が及ぶのか。

中国は日本への敵対性を強め、まず尖閣諸島の奪取を狙う。そのための軍事力の増強や攻撃戦略の具体化がますます顕著となる。中国の脅威が目前に迫る日本はまさに国難に直面する運命にある。

だが、日本自身はその国難に真剣な注意を向けることなく、国内での行政手続きに関する「疑惑」論議に没入している。いわゆる森友とか加計という問題である。その間に日本国全体がかつてない危機や脅威にさらされる。こんなことでよいのか。

日本が直面する国難への警告は皮肉なことに、日本自体よりもアメリカから発せられた。それは米側の官民両方の有力機関二つから別箇に発せられたものだった。

「日本にとっての真の国難はやはり中国の脅威である」——。

こんな認識をいやでも受け入れざるをえない調査報告がアメリカ連邦議会で公表された。

中国が軍事手段を使って日本固有の領土の尖閣諸島を奪おうとする動きを起こしている事実の指摘だった。これが第一の警告である。

「日中関係では中国がなお尖閣諸島の軍事手段での奪取をも目指していることが緊張を高めるにいたった」――。

こんな趣旨の指摘でもあった。

尖閣危機に光を当て、その重大性を指摘したのは米側の「米中経済安保調査委員会」である。この委員会が二〇一七年十一月に同年度の年次報告書を発表した。

全体で六百五十七ページに及ぶ長大な報告だった。内容は米中二国間関係だけでなく、アメリカの国家安全保障に影響を与える同盟国の日本と中国との関係についても多くの章で言及していた。

日中関係について同報告書はとくに両国関係の緊迫が尖閣諸島への中国の軍事がらみの攻勢によって高まっていることを強調し、中国側が具体的な尖閣奪取作戦を立案しているという見解も紹介していた。

ここで浮きぼりにされるのが中国側の野心的で危険な対日戦略だった。この対日戦略の実態は日本にとってはまさに国難だと特徴づけるのが適切なのである。

同報告書の尖閣諸島をめぐる中国の意図、行動、そして日本側との対立による危機についての記述の骨子は以下のようだった。

・中国政府は尖閣諸島の日本側の主権や施政権の主張を中国領土の違法な占拠の結果だとみなし、その「占拠」を崩すために人民解放軍と中国海警の艦艇などによる尖閣周辺の日本の領海、接続水域への侵入を繰り返し、中国側の権利の確立を意図して、その結果を誇示している。

・中国側による尖閣水域侵入は二〇一三年ごろに最も頻繁かつ活発だったが、二〇一七年夏以降もかなり高い水準で続いており、現在は毎月平均三回となっている。日本側も対抗手段はとっており、その結果、尖閣領域は誤算、偶発、意図的などによる日中間の軍事衝突の最大の潜在的な発火点となっている。

・中国側は尖閣を中心とする東シナ海の空域で空軍の各種の戦闘機、迎撃機、爆撃機などによる爆撃訓練や監視飛行を続けており、日本側のスクランブル飛行を頻繁に引き起こしている。とくに宮古海峡上空での中国軍機による爆撃演習は日本側の航空自衛隊だけでなく米空軍までの真剣な監視を招き、緊張を高めることとなった。

・以上のような現状から日中二国間関係では、尖閣諸島をめぐる両国の対立が緊張を高めるいま最大の要因となり、実際に軍事衝突の危険をも生むようになった。その背景として中国の大規模な軍事拡張と侵略的な言動が日本側の反発をさらに高め、日中間の緊迫を強めている。さらに尖閣での日中の軍事衝突は日米安保条約による米軍の介入をすぐに招きうるため、米中戦争の発火点ともみなされるようになった。

・中国人民解放軍の国防大学戦略研究所の孟祥青所長は最近の論文で「中国側は日本が長年、主張してきた尖閣諸島の統治の実権をすでに奪った」という趣旨の見解を発表した。この見解は中国側の艦艇がすでに尖閣諸島周囲の日本領海に自由に侵入し、日本側の主張する尖閣の施政権を事実上、骨抜きにしている現状に立脚しているといえる。このままだと中国側は尖閣諸島の施政権はもう日本側にはないという宣言を近くする可能性も考えられる。

以上が尖閣危機に対する米側の認識や懸念の全体像である。

奪われつつある日本側の尖閣諸島施政権

そのなかでも、中国側が尖閣諸島の施政権をすでに日本側から奪ったと考えているという指摘は、日本にとりことのほか意味が重い。

施政権とは簡単にいえば統治権のことである。国家の主権を支える法律の施行がきちんといきわたっている状態ともいえよう。つまりは日本国の行政、立法、司法の三権が尖閣諸島にも及んでいることが「日本が尖閣諸島の施政権を保有する」という状態を指すわけだ。

ところが尖閣周辺の日本領海にはもう中国の艦艇が自由に出入りしている。島の上には日本側の公共施設も人間もいない。となると、中国側から出てくると予測される「尖閣諸島の施政権は日本側にはない」という宣言も、ある程度の〝説得力〟を帯びかねない。

そんな宣言が国際的に広まるとなると、日本の防衛にも重大な影が広がる。日米安全保障条約に基づくアメリカの共同防衛の誓約が尖閣には適用されないという解釈も成り立ちうるからだ。中国は当然、そうした「解釈」を喧伝するだろう。

周知のように日米安全保障条約は「日本国の施政の下にある領域」への武力攻撃について、日本とアメリカが「共通の危険に対処するように行動することを宣言する」と明記している。アメリカが集団的自衛権を行使して、日本を防衛する義務を負うというわけだ。つまり、中国が尖閣に武力攻撃をかけてくれば、アメリカは日本を支援して中国軍と戦うという約束である。

アメリカの歴代政権はトランプ現政権も含めて、尖閣諸島が日米安保条約の適用対象になることを宣言してきた。その前提は尖閣諸島が日本の施政権下にあるという判定だった。

中国の日本施政権否定はその前提を崩す可能性を、少なくとも理論的には有しているのである。

米中経済安保調査委員会の同年次報告書はさらに日本側への重大な警告となる動きを明らかにしていた。

中国側が尖閣諸島の軍事的な占拠までを具体的に計画していることをも指摘していたのだ。この点こそ日本側にとっては最大の注意を向けるべき尖閣危機の側面だろう。

同報告書は米側専門家の「中国は尖閣諸島に対して少なくとも三種類の方法での『短期の鋭利な戦争』を含む作戦による奪取を考えている」という言葉を紹介していた。

この専門家はアメリカ海軍太平洋艦隊の諜報情報作戦部長を務めたジェームズ・ファネル大佐だった。ファネル氏は同調査委員会に対して中国軍の尖閣奪取作戦の内容を具体的に証言したのだった。

ファネル大佐の証言は以下のような骨子だった。同報告書はその内容を単に一専門家の見解としてではなく、同調査委員会としての見解として位置づけていた。

・中国軍の尖閣への攻撃と占拠のための第一の作戦は「海洋法規執行シナリオ」と呼べる。中国側は人民解放軍の海軍部隊を近くに配備しながらも、実際に尖閣海域には中国海警など沿岸警備部隊を侵入させ、その侵入度や島への接近度を高めている。日本側の海上保安庁の艦艇の阻止活動を疲弊させ、中国艦艇はやがて自国の海洋法規の執行という形で自国の領海をパトロールし、自国の領土に上陸するという宣言をして、そのとおりに実行していく。

・このシナリオでは、中国側の海警のすぐ背後に中国海軍艦艇がいつでも出動できる態勢で待機し、近くの上空には空軍機が飛来して、日本側への圧力を高めていく。中国海警はやがて尖閣諸島に人員を上陸させ、中国側としての公共建造物などを建て始める。中国のこの作戦は二〇一二年に南シナ海のスカーボロ礁をフィリピン側から奪取した方法と似ている。

・中国側としてはこのプロセスでは、日本の自衛隊の本格出動や米軍の介入はあくまで防ぎたいという構えを保つが、本格戦闘に備える態勢をも誇示する。中国の要員が実際に尖閣に上陸した場合、日本側はその時点で尖閣諸島の統治や施政の権利を放棄して、中国側の支配を許すか、あるいは軍事的な抵抗をするか、という選択に直面する。軍事的な抵抗を選んだ場合、米軍の出動を求める水準までの戦闘をするか否かが重大課題となる。

以上がアメリカ海軍第七艦隊の幹部だったファネル大佐の証言による中国側の尖閣攻略作戦の第一案というわけである。

中国の違法行動にふつうの国家の対応を一切とらない日本

同大佐の指摘を待つまでもなく、最近の中国側は尖閣諸島周辺の日本の領海や接続水域に毎月三、四回の頻度で中国海警の大型の武装艦艇をまったく一方的に侵入させている。日本の主権の完全な否定である。

日本側ではこの中国の艦艇を単に「公船」と呼ぶ場合が多い。だがこれらの中国艦艇は一千トンから数千トン以上の大型武装艦艇なのだ。

これらの艦艇が所属する中国海警局は海洋政策執行機関の国家海洋局内部に司令部をおく。だが同時に、中央政府の警察機関である公安部から業務を指導されている。そのうえに人民解放軍とも密接な連携を保ち、その命令を受けるのだ。この中国海警は二〇一八年七月一日には人民武装警察に正式に組み入れられた。人民解放軍の指揮下に入ったのだ。

中国海警はいまや必ず一度に四隻の艦隊を組んで日本領海に侵入している。オバマ政権の末期まではこの艦隊は常に二隻だけだったが、その後、四隻となり、現在もその規模はいつも同じとなっている。

つまり、日本領海侵入の中国艦隊は倍増したのである。

尖閣の日本領海に侵入した中国海警の艦艇は日本の海上保安庁の巡視船の退去の求めにも応じず、ゆうゆうと日本領海を数時間、巡航し、いかにも自分自身の判断で動くのだ、という様子で去っていく。

そのパターンの繰り返しなのだ。そんな現象が続けば、日本側でも中国艦船の領海侵入をなにかふつうのことのように認める傾向が強くなっていく。

ふつうの国家ならば、自国の領海へのこのような侵入があれば、主権の侵害だとして正面からその侵入艦艇に対決し、退去を求めるだろう。応じなければ、武力を使っても撃退するのがふつうである。だがわが「平和主義」日本はその種の断固たるふつうの国家の対応は一切、とらないのだ。

中国側としてはいまやこの「日本領海内航行」を繰り返して、その違法の行動があたかも正当であるかのような実績を残すことに努めているようである。日本の施政権をまったく無視した行動を続けるわけだ。

その間、日本の海上保安庁は人材や艦船の不足により、疲れ果てていく。消耗戦なのである。この消耗戦ではいまのところ中国側が艦船の数でも要員の数でも、はるかに優位に立っている。

米側の専門家の見解では、そんな中国海警の要員たちがあたかも自国領の島々に視察のために出向くように尖閣に一気に〝上陸〟する可能性があるというのだ。

予測しづらい中国側の偽装作戦

さて、米中経済安保調査委員会の年次報告書によると、中国側の尖閣攻撃戦略の第二、第三の作戦は以下のような内容だった。

・中国側の第二の作戦は「軍事演習シナリオ」である。第一の「海洋法規執行作戦」で尖閣諸島の占拠ができなかった場合、中国軍は軍事演習を装って不意に「短期の鋭利な戦争」を仕掛けるという計画を練っている。この作戦では、人民解放軍は尖閣諸島の付近で中国海警を巻き込んで大規模な陸海空の合同軍事演習を実施し、日米側にはあくまで単なる演習だと思わせながら、その意表をついて、一気に尖閣諸島を軍事占領する。

・中国軍は東シナ海では尖閣周辺を含む多数の海域ですでに多数の合同演習を続けてきた。たとえば二〇一三年十月、人民解放軍の海軍部隊は中国海警の艦艇とともに尖閣近くの海上で大規模な合同演習を実施した。このときの軍事上の最大目的は中国の漁船多数を守ることのようにみえた。以来、中国側は毎年、一、二回のペースで海軍と海警の合同演習を実施し、その都度、漁船保護のような防衛的な目的に徹するようにみえた。だから米軍も日本の自衛隊も中国側が実際の軍事行動をとることはまず予測できない。

以上が第二の尖閣攻略作戦だというのである。では第三を紹介しよう。

・尖閣諸島に対する中国の計画の第三は「水陸両用の正面上陸作戦」である。人民解放軍の幹部の論文や軍の実際の動きをみると、軍首脳部は台湾侵攻のような正面からの尖閣上陸作戦をも検討していることがわかる。人民解放軍の海軍はすでに尖閣規模の離島への上陸用舟艇は十分に保有している。空軍は尖閣への空挺作戦を実施できる戦略的空輸能力を、陸軍はヘリコプターでの尖閣への急襲能力を、それぞれ十分に保持している。いずれもその目的は尖閣諸島を軍事占領して、その後に長期の占領を続けることである。

同年次報告書は以上のように中国の尖閣諸攻略の軍事的な意図や実際の作戦準備について報告していた。

その三作戦の特徴をみるならば、まず第一の作戦は、中国側がこれまでのような「海洋法規執行」や「定期巡航」を装った日本領海への侵入を繰り返すうち、日本側の防衛の疲弊や弛緩をみつけて、あたかも自国領の島に立ち寄るという構えで上陸してくるという手法だといえる。

中国側としては日本との正面衝突を避けた穏健にもみえる作戦ということになろう。

第二の作戦は軍事演習を利用しての軍事攻撃である。偽装作戦ともいえる。この作戦ではとくに尖閣諸島の占拠への動きのスピードが顕著となるだろう。とにかく日本の自衛隊も、米軍も、演習だから、しかも内容は攻撃的ではなく、防衛的な動きの訓練だから、まさかその動きが一気に攻撃に変わるとは予測しないだろう。

中国側はそんな意表をつく戦術さえも準備しているというのだ。

第三の作戦はもう完全な戦争といえよう。

そして、中国人民解放軍の最大任務を一つだけあげるとなると、やはり台湾攻略だろう。陸海空三軍を大動員して、正面からは上陸用舟艇で大規模な陸軍部隊が攻撃する。空と海でさらに大部隊が支援し、台湾側を攻撃する。ミサイルも大量に発射される。そんな台湾攻撃作戦に似た尖閣攻撃作戦も立案されているというのだ。当然、自衛隊の本格的な反撃をも予測しての作戦だといえよう。

いつ起きてもおかしくない尖閣諸島での日中の軍事衝突

さて、日本の国難に対する米側からの第二の警告は、民間大手の安全保障研究機関「ランド研究所」の報告書だった。同研究所がトランプ政権下の国防総省からの委託で作成した「危険な世界に対するアメリカの軍事能力と兵力」と題する研究報告書である。二〇一七年十二月に公表された。いまのアメリカにとっての戦争や軍事衝突の危険をグローバル規模で調査した報告書だった。

ランド研究所の報告書は第六章の最終部分でも紹介した。その報告書は二〇一六年八月に公表された「中国との戦争」というタイトルの調査と研究の集大成だった。いまここで紹介するのはそれから一年四ヵ月後に出された、まったく別の報告書である。

「新しい年の二〇一八年、尖閣諸島での日中両国の軍事衝突が起きる危険性はますます高くなった」――。

このランド研究所の報告の総括はこんな趣旨だといえよう。日本にとっての重大かつ切迫した危機である。尖閣諸島をめぐる日本と中国の対立が地域的な戦争に発展する危険性を指摘したのだ。しかも同報告はアメリカにとっての地域戦争シナリオのなかでも尖閣での軍事衝突は確率が〝高く〟、米軍もその事態に備えることを勧告していた。

約百五十ページの同報告書は全体としてまずアメリカが戦争あるいは軍事衝突を起こし得る潜在敵として中国、ロシア、北朝鮮、イラン、イスラム系テロ勢力の五つをあげて、それぞれとの戦闘の見通しを詳述していた。

そのなかでとくに注目されるのは、同報告書がいまのアメリカにとって中国との戦闘が小規模から全面戦争まで異なる規模が考えられるにせよ、最も現実性が高いと予測する点だった。対中衝突については、同報告書は中国の台湾への軍事力行使が最も可能性が高いとしながらも、米中開戦につながりうる他の地域的な有事としてまず第一に「尖閣諸島をめぐる日本と中国の軍事衝突」をあげていたのだ。その部分の記述は以下の要旨だった。
・アメリカにとって中国からのチャレンジは中国の台湾攻略を抑止することに加えて、日本と中国の軍事衝突の可能性の高まりへの対策が急速に必要になってきたことだ。最大の発火点とみなされるのは東シナ海の尖閣諸島であり、日本と中国の両方の領有権主張がぶつかりあっている。

・とくにここ数年、尖閣諸島をめぐる日中両国間の緊張が高まり、日本側は国家安全保障政策の最重点を北方領土や北海道への有事から南へと移し、尖閣はじめ琉球諸島や沖縄の防衛を最重視するようになった。日本側のこの防衛政策の再調整は尖閣などの海域での中国側の軍事力行使への対応の能力を大幅に高めることとなった。

・西太平洋での軍事力増強を求められる米軍にとって、尖閣での日中衝突への対応は台湾有事ほどの重大性はないにせよ、重視せざるをえない。尖閣を発火点とする日中軍事衝突は短期かつ激烈となる見通しが強い。限定的な戦闘となる見通しがある一方、中国が沖縄や本州の日本の軍事施設を攻撃した場合、戦闘全体が大幅に拡大する。

・尖閣での戦闘で日本の自衛隊が中国軍に一方的な損害を与えて敗北させた場合、中国軍は日本の本土の重要なインフラ施設に対してサイバー攻撃、あるいは長距離のミサイル攻撃をかけるという選択肢をとるかもしれない。その場合、西太平洋の米軍は東シナ海での尖閣をめぐる戦闘での日本側への直接の軍事支援だけでなく、日本本土での空軍やミサイル防衛の支援を提供する任務を負う。

・米軍のこのような日本支援はこれまで台湾有事に備えて西太平洋に駐留してきた兵力によっ

てその責務を果たすことができるだろう。ただし唯一の例外は日本にとってのミサイル防衛で、日本本土のミサイル防衛のためにはいまの日本独自の能力ではまったく不十分であり、米軍からの支援が必要となる。

ランド研究所の報告書は以上のように「尖閣での日中軍事衝突」「その戦闘の展望予測」「米軍への任務」などを「尖閣有事」としてきわめて率直に記しているのだ。尖閣諸島をめぐる中国と日本の軍事衝突がいつ起きてもおかしくないという大前提がそこにはっきりとうかがわれる。

日本では驚くほど軽視されている尖閣問題

以上が二つの米側の報告書が明示する日本にとっての国難の実態である。

アメリカが尖閣諸島に対する中国の軍事意図についてこれほどまでに細かく考察し、議論するのは、やはり自国の国家安全保障にも大きな影響が及ぶ課題だとみなすからだろう。

尖閣は単に中国と日本との対立だけでなく、日米同盟の誓約のために、アメリカ自身を軍事衝突の当事国にさせかねない巨大な潜在的危機をも内包している。最悪の場合には米中両国間の全面戦争にまでエスカレートしかねない紛争要因なのである。

それほどの重大性にもかかわらず、尖閣問題は日本側では驚くほど軽視されている。仮にも日本国の領土を奪われかねない事態なのである。

その奪取を堂々と宣言する国が毎週のように、日本領海に武装艦艇を送りこみ、その意図を誇示してみせるのだ。これが日本の国難でなくて、なんなのか。

だが日本国内では尖閣問題は国政の場での議論の対象にさえなっていない。中国が実際に軍事力を使ったら、どうするのか。最大の頼みの綱は米軍の抑止力だろう。日米安保条約に基づく米軍による共同防衛の動きであろう。

しかしその共同防衛も日本側が自主的に動かなければ、起動しない可能性も高い。日本の政府も国民も、国家安全保障を真剣に考えるならば、そして日本の固有の領土を放棄したくないのならば、この尖閣危機を目の前の現実の重大危機として認識し、議論することが不可欠だろう。

にわかに広まった「日中関係が改善」という観測

さて、中国は日本に対して尖閣諸島の奪取という以外にどんな言動をとってくるのか。

尖閣諸島の日本領海侵犯という恒常的な行動だけでも、中国が日本の主権を無視して敵対的な基本姿勢をとるということは明白である。

だがそれ以外にも習近平政権になってのここ数年、反日的な動きは顕著だといえる。北京郊外の盧溝橋での日中両軍の衝突の日や日本軍の南京攻略の日などを「抗日」の記念日として改めて国家最高レベルの行事の日としたことも反日政策と呼んでよいだろう。

そもそも中国での中高校などの歴史教科書での日本に関する記述が戦争中の「日本軍の残虐行為」に満ち満ちている一方、戦後の日本の平和主義的な傾向については一切ふれていない。日中国交樹立後の日本が戦時の賠償の意味をこめて巨額の経済援助を中国に贈り続けたことも、国定教科書ではなにも教えない。

中国政府が管理するテレビのドラマや映画についても、日本軍の戦時の殺戮行為がいつも主題となる。二〇一八年の現在もこの反日傾向は変わらない。

二〇一五年には国連やアメリカ、イギリスに駐在する中国大使たちが歩調を合わせて、日本糾弾の意見を現地のメディアに発表した。「日本はいま核武装を求めている」「日本はいまも軍国主義傾向が強い」「安倍首相は靖国神社参拝により中国への侵略戦争を美化している」などという日本へのいわれなき糾弾が中国大使の名の下につぎつぎと発表された。

さすがに中国のこの動きに対してはイギリスの有力紙誌などから「中国の習近平政権による不当な日本の悪魔化」という批判が表明されたほどだった。

このように習近平政権下のいまの中国はなお、国家政策の根幹では日本への険しい敵対性を変えていないのだ。

ところが二〇一八年になって、「日中関係が改善」という観測が日本側でにわかに広まった。二〇一七年末に自民党幹事長の二階俊博氏が訪中し、習近平国家主席らから歓迎を受けたことからの期待のようだった。中国側の対日政策が実際に変わってはいないのに生まれてきた観測だった。

この種の観測は、中国側が敵性の明らかな対日政策を変えないまま、外交戦術としてかりそめの微笑をみせることから生まれてきたようである。

「中国の対日政策の軟化」とか「日中関係の改善」という日本側での観測は自民党幹事長の二階俊博氏が公明党幹事長の井上義久氏を伴って北京を訪れたことから広まった。

二〇一七年十二月二十四日から二十九日までのこの中国詣でではは二階氏は習近平国家主席とも会談の栄を得て、歓迎を受けた。中国共産党の中央党校にも招かれて演説をした。中国版のシルクロードとされるインフラ事業の「一帯一路」への日本の参加を熱烈に要請された。

こうしたプロセスでの中国側の前向きにみえる態度が「対日政策の雪解け」などという推測を日本側に生んだのだといえる。

中国側に利用される親中・二階自民党幹事長

しかしちょっと待て、である。

日中関係での二階氏の動きには気をつけねばならない〝歴史〟がある。米中関係が険悪となり、日米同盟が強化されると、自民党の二階俊博氏が北京に姿をみせるのだ。日米中三国関係のうねりを長年、観察していると、こんなパターンがあることに気づく。「風が吹けば桶屋が儲かる」ということわざのような、一見、奇妙な因果関係にみえるが、よく点検すると、きちんとした理屈が通っていることがわかる。背後に浮かんでいるのは中国側の巧みな日本懐柔戦術なのだ。

二〇〇〇年五月、当時の運輸大臣の二階氏は約五千人もの日本からの訪中団を率いて北京にやってきた。旅行や観光の業界を動員しての訪中だった。人民大会堂での式典では江沢民、胡錦涛、正副の国家主席が登場して歓迎した。明らかに中国側の主導での友好行事だった。

そのころ産経新聞中国総局長として北京に駐在していた私は、この訪中団歓迎の儀式を目前にみて、それまでの中国側の日本への冷たい態度が急変したことに最も驚いた。

アメリカの当時のクリントン政権は中国の台湾への軍事威嚇《いかく》などを理由に対中姿勢を急速に硬化させていた。クリントン政権は日本に向かっては日米共同のミサイル防衛構想を呼びかけ、同盟強化を進めていた。

多数の関係者に聞くと、中国指導部はそんな状況下では日米両国と同時に敵対を深めるのは不利だと判断して、日本へのかりそめの微笑をみせたのだという分析で一致していた。

二〇一五年五月には自民党総務会長の二階氏は約三千人の訪中団を連れて北京を訪れた。習近平国家主席とも親しく会談した。このときも中国はそれまで尖閣諸島や歴史認識で日本には厳しい言動をとっていた。だから二階訪中団への歓迎は〝唐突〟にみえた。

じつはこのころもアメリカは中国への姿勢を強硬にしていた。中国による南シナ海での無法の軍事拡張、東シナ海での威圧的な防空識別圏宣言などに対し融和志向だったオバマ政権もついに反発し始めた。日米間では新たな防衛協力指針が採択されたばかりだった。日米同盟の画期的な強化だった。二〇〇〇年の米中関係や日米同盟の状況と酷似していたのである。

そして二〇一七年十二月末、二階氏はこんどは自民党幹事長として北京詣でをしたのである。注視すべきなのは、またまたこの時点でもアメリカのトランプ政権が新たな国家安全保障戦略で中国と対決する構えをみせ、中国にとっての対米関係は険しくなっていた点である。トランプ政権はさらに日本との同盟のきずなを強める姿勢をも固めている。日本国内での官民の対中態度もこのところは険しいままできたといえる。

まさに中国側にとっては日米両国とのそれぞれの関係が悪化してきたという状況なのである。そんなときに二国を同時に敵とするよりは、与《くみ》しやすい日本との関係を暫定的にでもよくしておこうという〝計算〟が生まれてもおかしくないわけだ。

中国が日本との「友好」や「対話」の笛を吹き、日本を軟化させて、アメリカとの歩調を崩させようと意図する要件が整っているのだともいえる。そのために中国の政策にはまず反対しない親中の有力者の二階氏に頼ることはごく自然にみえる。これまでの二〇〇〇年と二〇一五年の状況と同じなのである。

中国のこうした融和作戦の危険は真の対日政策が決して変わっていない点にある。歴史を使っての「抗日」の名の下での反日政策は変わらないどころか、ますます強固となっている。その他の面での習近平政権の日本への険悪な政策は前述のとおりである。

中国政権は一方でこうした敵性や侵略性の強い対日行動を続けながら、他方で二階氏のような親中派政治家に的をしぼって、「友好」や「改善」を演出してみせる。そんなかりそめの融和の笛のメロディーに踊ってはならないのは当然だろう。二階氏は中国側に対して、そうした敵対性の強い対日政策への批判を述べることはまずないのだ。

共通する安保政策で緊密なきずなを深める日米トップ

しかしいまの日本にとって中国のこうした敵対性や脅威への対処を考える場合、頼りになるのは当然ながら日米同盟である。尖閣諸島に中国の軍事攻撃があった場合、日米安全保障条約により米軍は日本の自衛隊を助けて、その防衛にあたることになっている。

それ以上に、いまの日米関係ではドナルド・トランプ大統領と安倍晋三首相との密接な関係が顕著となった。両首脳が通常の日米両国首脳の友好や親交の域を越えて、個人の次元でも、政策の次元でも、異例なほど親密であることには定評がある。中国への対応を考える際の日本にとっての大きな支援要因だといえよう。

米側の大手メディアには「トランプ大統領と安倍首相は相棒だ」という論評までが出てきた。二〇一七年九月のウォールストリート・ジャーナルの記事だった。

この論評記事ではトランプ、安倍両首脳が単に個人としても波長が合うだけでなく、とくに安倍首相の側で北朝鮮の脅威や中国の挑戦に直面する日本がいまほど日米同盟でのアメリカの強大な抑止力を必要とすることもないという認識から、トランプ大統領へのきずなを必死で努力して築いたという米側専門家たちの見解が複数、紹介されていた。安倍首相の努力の賜物としての日米相棒関係だというわけだった。

確かにいまの日本にとって安全保障面での国際環境を考えれば、同盟相手のアメリカの首脳との堅固なきずなを保つことは大いなるプラスだろう。

ところが、トランプ大統領も安倍首相と同様に、あるいはそれ以上に、その種の緊密な日米関係を必要としているのだ、という見方が多いこともわかった。トランプ大統領の側にも安倍首相との親密なきずなをつくる必要性や必然性があったのだ、という見解である。

こうした見解は私自身がワシントンでアメリカ政府の外交や安全保障、さらには日米関係、対アジア関係などに長年、かかわってきたベテランの専門家たちに直接に尋ねた結果、確認した現実だった。

歴代の共和、民主両党政権の国防総省で高官を務め、北大西洋条約機構（NATO）駐在のアメリカ政府代表を経て、日米安保関係の研究の実績もあるブルース・ワインロッド氏はまずトランプ、安倍両氏の安保政策の共通点が必然的に緊密なきずなを生んだという見解を語った。

「トランプ大統領は『アメリカ第一主義』をスローガンとしては唱えているけれど、実際の行動では決してアメリカの目前の利害だけを考えているのではなく、日本という同盟国との連携をも重視する政策をとっています。その日米連帯により北朝鮮やイランのような敵性の強い国家への抑止を固めたいというわけです。一方、安倍首相も同様の安保政策に基づき、その結果としてトランプ大統領とのきわめて良好な関係を懸命に築きあげたのだと思います。

日米両国は通商面では意見の食いちがいもありますが、安保政策では一致していることが最近の実際の防衛協力でも明示されています。その日米同盟の強い連帯は北朝鮮の脅威への警告として、さらには有事への準備態勢として効果を発揮するわけです。日米両首脳のこうした安保政策の一致がいまのようなトランプ・安倍両首脳間のきずなを生んだのだと思います」

ワインロッド氏は要するにトランプ、安倍両首脳の安保政策の一致が最初にありき、であり、その結果が必然的に首脳間の相棒同士のような連帯を生んだのだ、とみるのである。

ワインロッド氏は現在はワシントンの外交安保研究機関「ポトマック財団」の顧問である。

日米間で大きなギャップをみせる安倍外交に対する評価

ワシントンの主要シンクタンクの「ハドソン研究所」の副所長ルイス・リビー氏は、安倍首相の長年の外交活動の成果とその基盤にある世界観こそがトランプ大統領を引きつけ、その結果、いまのような親密なきずなへと発展したのだ、という分析を明らかにした。

リビー氏は先代ブッシュ政権では国防総省の高官として日米安保政策にかかわり、二代目ブッシュと呼ばれるジョージ・W・ブッシュ大統領の政権では大統領補佐官や、ディック・チェイニー副大統領の首席補佐官などを歴任した。

「安倍首相はトランプ大統領に対して早い時期から英知と外交技量を発揮して、強固な実務上のパートナーシップを築くことに努めたのでしょう。安倍氏は日本にとってのアメリカとの安保関係の決定的な重要性に最優先の順位をおき、他の案件を一時、軽視してでも、その政策目標を追求したのだと思います」

リビー氏はいまの日米両首脳の緊密な関係は二人の相性などという要素よりも、安倍首相の政策に基づく努力の結果だというのである。だが安倍氏の努力だけでは決してないのだという点を強調した。

「しかし安倍首相がトランプ大統領との協力を効果的に進められるのは、首相が一時的な政治姿勢ではなく、彼自身の長年の信念から大統領に接しているからだと思います。その信念は日米協力の基本的な重要性や、さらにはトランプ大統領が明示している『原則に基づく現実主義ドクトリン』にもうまく合致します。同大統領も安倍氏の安全保障政策や世界観に魅せられたのだと思います」

リビー氏はその安倍氏の「長年の信念」について同氏なりの解釈として説明した。

「安倍氏は十年ほど前に単にアメリカだけでなくインド、東南アジア諸国、オーストラリアなどとの間に強固な関係を築くという日本の対外構想をまとめて発表しています。この構想は他の時代に成功した指導者たちにもみられたような、自国をめぐる国際環境の慎重な評価、長期のビジョン、そして徹底した実行などを反映しています。日本をめぐる国際環境は長年静かにみえた時代の末に、日本国民が把握するよりもずっと速い勢いで日本に対して厳しいチャレンジを突きつけるようになったといえます」

つまりは日本への中国や北朝鮮からの挑戦の危機を安倍氏は敏速に察知して、それに対応するための安保上の連携をアメリカだけでなく、インドや東南アジア各国、オーストラリアなどとの「有志連合」という形で進めてきた、というのである。その世界観や国際環境認識がトランプ大統領への接近の土台にも存在し、同大統領を引き寄せたのだ、とリビー氏は述べているのだ。

リビー氏が述べたトランプ大統領の「原則に基づく現実主義ドクトリン」というのは同大統領が二〇一七年九月の国連総会演説で述べたアメリカ外交の新たなスローガンだった。

アメリカはあくまで主権国家として自国の利害を最優先する。だがアメリカは年来、信奉する普遍的な価値を尊重し、その価値を共有する諸国との「有志連合」を積極的に追求する。その追求では軍事力を含む強固な態度でのぞむ――こんな考え方が「原則に基づく現実主義」だというのだ。このトランプ外交にとって安倍首相の政策はぴったりだと、リビー氏は説明するのだった。

日本国内では明言する向きのきわめて少ない安倍首相の対外政策や世界観への高い評価だといえよう。リビー氏は共和党系の人物で、トランプ政権への支持をも明示している。そんな立場のアメリカの識者が安倍首相をこれほど褒めるのだ。安倍首相の外交の実績に対する評価には日本国内と、アメリカとでは、これほどのギャップがあるのである。

中国や北朝鮮の脅威への対処で模範的なモデル役を果たした安倍首相

しかし、安倍首相の外交手腕や世界観への米側の高い評価はトランプ政権に近い共和党系の識者だけに限られてはいなかった。

民主党歴代政権の国務省や中央情報局（CIA）、国家情報会議などで中国政策や東アジア政策を長年、担当してきたロバート・サター氏も私の質問に答えて、きわめて前向きな安倍首相評価を語った。サター氏は現在はジョージワシントン大学の教授である。

「安倍氏が大統領を始めとするトランプ政権から信頼されるのは、同氏の中国への対処方法を高く評価されたからだと思えます。安倍氏が再度、首相になったときの日本は尖閣諸島問題に関して中国から軍事要素をともなう膨大な圧力を受けていた。安倍氏はそのチャレンジに対して挑発的な行動は避けたけれども、中国の容赦のない対日威嚇に直面して、それに屈しない強固な決意は崩さなかった。安倍首相は日本の立場を強くするためにアメリカの支援を強固にしようとして経済や安保の交流を広げるという巧みな外交を展開したのです」

意外にも安倍首相の対中姿勢が米側全般、とくにトランプ政権の安倍評価を高めたというのだ。サター氏はさらに述べた。

「安倍首相はそのうえの対中政策として、中国の膨張志向を懸念する諸国や、アジア・太平洋地域の平和維持を願う諸国とも共通の安保上の理解や合意のネットワークを構築することにも努めました。

安倍首相はこうした言動を通じて、台頭する中国にどう対処するかにあまり自信のないアメリカの指導者たちにとっては模範的なパートナーであることを証明したのです。北朝鮮の脅威に関しても同様に、安倍首相はアジア地域のより広い利益を求めるための前向きな激励や断固たる態度を米側にも指し示したといえます」

サター氏は安倍首相が中国や北朝鮮の脅威への対処でも、トランプ政権にとっては有益なモデル役を果たした、とまで述べているのである。

アメリカの対アジア外交にかかわってきた元政府高官や専門家たちの間では、このように安倍首相はむしろトランプ政権にとって学ぶことも多い、模範的な存在だという認識が存在するのだ。そんな認識がいまの安倍・トランプ相棒関係の基盤にあるとみてよいのだろう。

米側が期待する日本の「専守防衛」を超えた攻撃能力保持

しかし日米両国の首脳同士がいかによい関係にあるからといっても、実際の同盟のきずながすべて円滑に機能するというわけではない。当然ながら、日米同盟には欠陥や障害もある。その一つは日本の防衛政策での「専守防衛」へのアメリカ側の不満である。その背景には日本の憲法の防衛制約への批判があることも明白だといえる。

アメリカが中国の軍拡や北朝鮮の核武装への警戒を高めるにつれ、日本に対して防衛面での攻撃能力を確保することへの期待が強まってきた。二〇一八年二月に開かれた議会の大規模な公聴会でアメリカの官民代表から、日本の攻撃能力保持は東アジア全体の安全保障に大きく寄与するという見解が表明された。日本の防衛での年来の「専守防衛」では現在の脅威や危機に十分に対処できないという米側の認識の表明でもあった。

日本が従来の防衛のみの政策を変えて、攻撃能力を保持すべきだという明確な主張は同年二月十五日にアメリカ議会上下両院の政策諮問機関「米中経済安保調査委員会」が開いた公聴会で表明された。

「中国の軍事の刷新と近代化＝アメリカにとっての意味」と題された同公聴会では中国の人民解放軍の近年の画期的な増強の実態とその結果、生じるアメリカの国家安全保障にとっての意味が広範に討論された。

この公聴会では中国の軍事動向に詳しい計十人の証人が同調査委員会の委員や議員に対して報告を述べ、質疑応答にのぞんだ。その場では中国軍の画期的な大軍拡の状況とその対策が語られた。

そのなかで最初に正面から日本に言及したのは、オバマ政権で国際政策担当の国防副次官を務め、現在は戦略国際問題研究所（CSIS）副所長のキャスリーン・ヒックス氏だった。

ヒックス氏はまずアメリカが中国軍の脅威を抑止して、東アジアの安定を保つには日本や韓国など同盟諸国との防衛協力の強化が不可欠だと証言した。そのうえで中国側が日米同盟や米韓同盟の〝弱体化〟に力を注いでいるとも指摘して、日本に関連して以下のような諸点を強調した。

・アジア・太平洋地域での米軍の効果的な活動にとって、日米同盟は最も重要な基盤となっている。だが、中国の軍事増強による脅威の増大や北朝鮮の核兵器開発の脅威の増大に直面する現状では、日本自体の防衛力の強化も緊急に求められる。

・日本ではいま敵基地攻撃能力の保持などの議論が始まり、安倍晋三政権もその方向に傾いているようだが、日本の攻撃能力の確実な保持はアメリカとアジアでのその同盟・友好の諸国すべてが歓迎すべきである。

・日本がその防衛政策の一環として攻撃能力の保持を公式に意図表明するかどうかがいまの内外の議論の核心だといえるが、憲法上の制約を考慮しながらの攻撃能力保持は東アジア地域全体での共通の安全保障の目標に大きく寄与することになる。

ヒックス女史のこの証言は日本に対して、従来の「専守防衛」の枠を明確に越えて、攻撃の能力を保持することへの米側の要請だといえる。この場合の攻撃能力といえば、中国や北朝鮮に届く各種の中距離ミサイルや空中給油能力を完備した爆撃機、戦闘機、さらには航空母艦などがあげられる。

この公聴会において、日本の攻撃能力保持への賛成意見は米中経済安保調査委員会の委員のラリー・ウォーツェル氏やジム・タレント氏からも表明された。またこの公聴会の質疑応答に加わったデーナ・ローラーバッカー下院議員（共和党）らからも同意が述べられた。

トランプ政権でも、日米同盟に関しては日本側の防衛努力が足りないという批判は微妙な形でにじませており、日本の攻撃能力の確保は当然、歓迎するわけである。トランプ政権がとくに最近、中国の軍拡に対しての抑止態勢を強化する構えを顕著にしているため、日本に対しても日米共同防衛の枠内で日本の攻撃能力取得を歓迎や期待から、より強い要請としてぶつけてくる見通しも否定できない。

現実の国際情勢に鑑み憲法論議をリセットすべき日本

「日本の憲法第九条が日米同盟を侵食する」――。

こんな批判が米側で陰に陽に述べられるようになって、もう久しい。トランプ政権下のいまのアメリカにおいても、日本の憲法が日本の防衛を大幅に制約していることを議会やメディアが問題視する動きはむしろ強くなったといえよう。その意味では日本の憲法論議も、アメリカでの日本憲法観を真剣に考慮すべき時期がきたようだ。

改憲論議の核心はなんといっても第九条をどうするか、である。日本の国家や国民の安全をどう守るかについての原則が日本自身にとって最重要であることは説明不要だろう。

この第九条を中心とする憲法の改正論議ではその主題は日本の国家安全保障や防衛であることも自明である。

日本の国家安全保障は日本と外部との関係のあり方がすべてである。これまた当然ながら、日本の平和も安全も、また戦争も不安定も、日本と諸外国との関係のあり方なのだ。日本の国内の状態ではないのである。

そんな国際的状況のなかでもとくに優先して視野に入れるべきなのはアメリカの動きだろう。日本の憲法はあくまで日本が独自に決めるという基本は言うまでもない。だが、それでもなお日本の憲法のあり方には必然的にアメリカがかかわってくる特別な理由が少なくとも二つある。

第一は、日本国憲法の草案がアメリカによって書かれたという歴史的な事実である。

第二は、日本の防衛の憲法によって制約された部分がアメリカにより日米同盟で補われ、支えられてきたという事実である。

とくに第二の事実の重みは今日現在も巨大だといえる。日本が憲法の自国防衛についての規定を再考するとき、その日本防衛は主要な部分をアメリカに委ねているのだから、アメリカの意向を考えざるをえなくなるわけである。

さてそのアメリカの側の動きである。

憲法九条への批判では、二〇一七年五月上旬の大手紙ウォールストリート・ジャーナルの社説はとくに尖鋭だった。

同社説の内容の核心部分は次のようだった。

「日本にとって憲法九条は同盟国のアメリカとの集団防衛を阻止するため、危険となりつつある」

北朝鮮や中国の軍事脅威がこれほど顕著な現在、日米両国は共同で防衛や抑止に対処すべきなのに、日本のその集団防衛を阻む憲法九条は日本の安全保障にとって危険となった、というのだ。

同社説はさらに日本国憲法が終戦直後、占領米軍当局によって作成され、その最大目的は日本の軍国主義復活を防ぐため、日本を非武装にしておくことだったが、現在では民主主義の同盟国となった日本にそんな規制の必要はなくなった、という歴史の要因も強調していた。

じつはアメリカ側では日本憲法へのこの種の批判的な認識は長い年月を重ねて超党派の広がりをみせてきたのである。

政治的に最も中立性の高い議会調査局が上下両院議員の資料用の日米関係報告書で以下の記述を発表したのは二〇一〇年七月だった。もう八年も前のことなのだ。

「アメリカが起草した日本の憲法は日本が集団的自衛にかかわることを禁止するという第九条の解釈のために、日米両国間の緊密な防衛協力の障害となっている」

上記の議会調査局の指摘とウォールストリート・ジャーナルの警告とを併せると、トランプ大統領が選挙キャンペーン中で何回か述べた日米同盟への批判がほぼ自動的に浮かんでくるのは決して偶然ではない。こんな言葉だった。

「アメリカはもし日本が攻撃された場合、日本を防衛することを義務づけられている。しかし日米安保条約の規定では、日本はアメリカを防衛支援する必要はない。日本国民は家でソニーのテレビでも観ていればよいのだ」

このような批判はトランプ氏が所属する共和党だけではない。民主党でも同様な批判が多いのだ。その代表例は民主党ベテランのブラッド・シャーマン下院議員の二〇一七年二月の「日本はアメリカが攻撃されても憲法を口実に助けようとはしないから、アメリカは尖閣諸島を守る必要はない」という議会証言だった。

日本が自国の防衛で最大の頼りとするアメリカの側で「日本の憲法上の制約」を批判し、改憲を促す声はもう巨大な山のように堆積してきたのだといえる。だが日本側の憲法論議ではふしぎなほど米側の不満や要求は論題とならない。

日本の集団的自衛権は平和安全法制関連法ができても、なお制約や限定が多い。自国領土が攻撃されれば、日本独自の個別的自衛権を行使するというが、その場合でもアメリカの防衛支援に依存するから現実には集団防衛となる。

だが日本側はそれでも集団防衛はできないと主張するのだから、その日本の理屈が矛盾だとか利己的だと非難されても当然だろう。その原因はみな現行憲法にあるわけだ。


回顧してみると、米側で日本憲法改正の勧めが公の場で初めて言明されたのは一九九二年だった。

保守系の大手研究機関「ヘリテージ財団」が「日本の国民精神の再形成」と題する報告書で、日本を責任ある同盟パートナーとするためだとして日本憲法改正を提言したのだった。この提言は厳密には当時の先代ブッシュ政権に対して日本の憲法改正を非公式な形で促すことを勧告していた。

この二十六年前の提言は日本が憲法ですべての「力の行使」を否定したため、「力の行使」が実際に重要な要因となる現実の国際情勢でも、「力の行使」が国連の平和維持活動でも必要とされる現実の世界でも、日本は責任ある一員とはなれなくなってしまった、と指摘していた。日本側としてはこうした国家としての基点にもどっての考察、さらには現実の国際情勢の基本にもう一度もどっての自省により、これからの憲法論議をリセットすることが必須であろう。

その際にアメリカの意向や認識も不可欠の論題となることが健全な憲法論議であろう。

［略歴］

古森　義久（こもり・よしひさ）

産経新聞ワシントン駐在客員特派員。麗澤大学特別教授。国際問題評論家。1963年慶應義塾大学経済学部卒業後、毎日新聞入社。その後に米ワシントン大学留学。72年から南ベトナムのサイゴン特派員。75年サイゴン支局長。76年ワシントン特派員。81年米国カーネギー財団国際平和研究所上級研究員。83年毎日新聞東京本社政治部編集委員。87年毎日新聞を退社して産経新聞に入社。ロンドン支局長、ワシントン支局長、中国総局長、ワシントン駐在編集特別委員兼論説委員などを経て、2013年から現職。日本記者クラブ賞、日本新聞協会賞、ボーン・上田国際記者賞などを受賞。著書に『戦争がイヤなら憲法を変えなさい』（飛鳥新社）、『トランプは中国の膨張を許さない！』（PHP研究所）、『朝日新聞は日本の「宝」である』（ビジネス社）など多数ある。

米朝首脳会談と中国、そして日本はどうなるのか

2018年8月15日　　第1刷発行

著　者　古森 義久
発行者　唐津 隆
発行所　株式会社ビジネス社
〒162-0805　東京都新宿区矢来町114番地 神楽坂高橋ビル5F
電話　03(5227)1602　FAX　03(5227)1603
http://www.business-sha.co.jp

〈カバーデザイン〉金子眞枝
〈本文組版〉茂呂田剛（エムアンドケイ）
〈印刷・製本〉中央精版印刷株式会社
〈編集担当〉本田朋子　〈営業担当〉山口健志

ISBN978-4-8284-2041-7